어른의 교양

우리 시대 지적 사회인을 위한 일곱 가지 교양

손석춘 지음

어른의시간

"김치녀와 한남."

멸시가 듬뿍 담긴 비속어다. 김치를 즐겨 먹는 한국 남자로서 솔
직히 불편하고 개탄스러운 표현이다. 어쩌다 '김치 여자'와 '한국 남
자'가 내놓고 조롱하는 말이 되었을까. 비하는 '맘충'과 '개저씨'로
이어진다. 하지만 꼬투리 잡듯 인터넷에 떠도는 말로 '일반화의 오
류'를 범할 생각은 없다.

누구나 '개념 없는 사람'을 한 번 이상 마주친 경험이 있을 것
이다. 한국 사회에 그만큼 개념 없는 남녀가 많다는 뜻이다. 그때의
'개념'이 바로 교양과 이어진다. 실제로 '김치녀' 앞에는 '교양 없는'
이라는 수식어가 따라다닌다.

그렇다면 교양은 무엇일까. 기실 '헬 조선'과 '촛불혁명'이 동시

에 메아리치는 시대에 정색하고 '교양', 그것도 '어른의 교양'을 들먹이기란 민망한 일이다. 헬 조선을 피부로 느끼는 세대라면 한가한 이야기로 들리기 십상일 터다. 헬 조선의 또 다른 이름 '드라마 공화국'에서 재벌가는 물론 졸부의 아내들이 상대를 "교양 없다"며 시들방귀로 깔보는 대사에 익숙한 이들이라면 역겨울 수도 있다. 칼바람에 맞서 촛불을 들고 도심으로 나선 사람들에게 '교양'을 들이대면 더 뜬금없는 일이 아닐까.

그럼에도 아니 그래서 이 책은 『어른의 교양』이다. 김치녀와 한남을 조롱하든, 헬 조선을 부르대든, 촛불을 들어 권력의 어둠을 밝히든 누구나 한 번쯤은 "나라에 어른이 없다"는 말을 들었을 터다. 노령화가 빠르게 진행되어 온 나라에서 '어른이 없다'는 말이 횡행하는 현상은 가볍게 넘길 일이 아니다. 더구나 이미 곳곳이 어른들로 가득하지 않은가.

여기서 짚을 대목은 '어른이 없다'는 말에 담긴 뜻풀이가 아니다. 이 책이 주목한 지점은 '어른이 없다'는 말이 나온 지 참 오래라는 사실이다. 우리 시대에 '어른의 부재'를 개탄했던 젊은 세대가 이미 줄을 이어 어른이 된 지 한참 지났다. 하지만 지금도 어른이 없다고들 한다.

왜 그럴까? 이 책은 '스스로 어른이고자 하는 사람'이 드물어서라고 진단한다. 어른의 어원을 국어학자들은 중세어 '얼다'에서 찾는다. 남녀가 교합하다는 뜻이다. '얼다'의 '얼'에 '운'이라는 접미어가 붙어 '어른'으로 이어졌다는 풀이다. 그렇게 본다면 조선시대 조혼을 한 10대들도 모두 어른이다. 상투를 틀면 그것이 어른이 되는 것이다. 어원에 충실해서 21세기 문법으로 말하자면 성을 경험할 때 어른이 된다. 과연 그럴까. 성경험 있는 남성과 여성을 '어른'이라고 부르기엔 어딘가 민망하다. 여기서 '어르다'는 말을 눈여겨볼 필요가 있다. 국어사전은 '어르다'를 "① 편안하게 하거나 기쁘게 하려고 몸을 흔들어 주거나 달래다 ② (사람이 무리나 모임의 구성원을)한데 모아서 합하게 하다"로 풀이한다.

이 문맥에서 어른은 '사람들을 편안하게 하거나 기쁘게 해 주는 이' 또는 '무리나 모임의 구성원들을 한데 모아 합하게 하는 이'다. 그 풀이가 '우리 시대는 어른이 없다'고 할 때의 '어른'과 이어진다.

그렇다면 사람들을 편안하고 기쁘게 해주는 이, 가족 단위든 마을이든 사회든 사람들을 화합해 주는 이는 어떻게 '탄생'하는 걸까. 어른이 탄생하는 자궁, 나는 그것을 '교양'이라고 생각한다. 『어른의 교양』은 이미 스스로 어른이 되었으면서도 우리 시대에 어른을 찾는 이들에게 산파가 되고자 한다. 비록 산파가 서툴더라도 놀라운 '어른'의 탄생을 소망한다.

2017년
손석춘

교양을 거부하는
교양

촛불을 들고 나라의 어둠을 밝혔지만 우리 모두 알고 있다. 끊임없이 '속물'을 부추기는 사회가 소망 또는 의욕만큼 쉽게 바뀌지 않는다는 사실을. '태극기 집회'에 참여한 갑남을녀만 두고 하는 말이 아니다. 무능하고 부패한 독선적 대통령에게 계엄령 선포를 요구하는 눈 먼 단체들 뒤에는 세계적 일류기업을 자처하는 대기업들과 그들을 대변하는 법조인, 언론인, 학자, 정치인들이 자리 잡고 있다.

박근혜는 대통령직에서 파면되고 삼성 이재용은 구속되었지만 사회구성원들을 죄다 '목구멍 포도청'으로 내모는 체제는 여전히 견고하다. 그 엄연한 현실을 무시한 채 '교양'을 늘어놓는다면, 한낱 '지식 소매상'에 지나지 않을 터다. 촛불의 뒷면에선 진지한 사람을

‘진지충’으로 비아냥대는 젊은 세대가 엄존해 있고, ‘부자 되세요’를 덕담으로 건네는 세태에서 교양이란 ‘개뿔’이 될 수도 있다.

그렇다고 황금만능 세태를 꾸짖고 ‘금을 돌처럼 보라’는 고담준론을 교양으로 나열할 뜻은 더욱 없다. 아니, 오히려 돈으로 세계 정상에 오른 부자에서 출발하고 싶다.

글로벌 기업 ‘애플’의 창업자이자 천문학적 부를 축적한 스티브 잡스. 그는 왜 ‘교양’을 강조했을까. 잡스가 암 투병 끝에 죽음을 맞은 2011년 가을에 애플의 성공 비결은 ‘리버럴 아츠와 테크놀로지의 결합’에 있다는 평가들이 줄을 이어 나왔다. 국내 신문과 방송이 그것을 ‘인문학과 기술의 결합’으로 보도하면서, 인문학 강좌가 봇물을 이루기도 했다. 그러자 잡스가 인문학을 중시했다는 문과대 교수들의 주장은 사실과 다르다며, ‘인문학’이 아니라 ‘리버럴 아츠’를 강조했다고 주장하는 학자들이 나타났다. 여기서 ‘교양’을 옳게 살펴 소통하기는 학자들조차 쉽지 않은 일이라고 넘겨 버려야 할까.

먼저 논란의 발단이 된 잡스의 발언부터 짚어 보자. 새 상품을 출시하는 자리에서 잡스는 이렇게 말했다.

"기술만으로 충분하지 않다. 리버럴 아츠와 결합한, 인문학과 결합한 기술이 우리의 가슴을 뛰게 해 준다.(Technology alone is not enough – it's technology married with liberal arts, married with the humanities, that yields us the results that make our heart sing.)"

그러니까 스티브 잡스가 '인문학과 기술의 결합'만 강조했다거나, 인문학과 기술의 결합을 이야기하지 않았다는 말은 모두 사실이 아니다. 잡스는 기술이 결합해야 할 대상으로 리버럴 아츠와 인문학을 모두 꼽았다.

리버럴 아츠(liberal arts)는 고대 그리스·로마 시대에 자유인이 배워야 할 '자유 7과'에서 비롯했다. 문법, 수사학, 논리학, 산술, 기하학, 천문학, 음악이 그것이다. 그래서 복수형(arts)이고, 옮긴 말도 귀에 익은 '아트'가 아니라 '아츠'다. 흔히 '문사철(문학, 역사, 철학)'로 상징되는 인문학 개념과는 결이 다르다는 사실을 알 수 있다. 고대부터 리버럴 아츠는 우주과학과 예술을 아우르며 인문학보다 폭이 넓었다.

현대에 들어와서도 리버럴 아츠는 고대의 '자유 7과'가 추구한 정신을 이어가고 있다. 사람들의 지적 능력을 발달시키는 교육과정이 그것이다. 우리는 흔히 유럽과 견주어 미국을 '속물 사회'로 낮춰 보지만, 모든 미국인이 '속물'로 살아가는 것은 결코 아니다. 더구나 미국 대학을 들여다보면 놀라운 사실을 발견할 수 있다. 미국은 한국처럼 대형 종합대학만 운영하고 있지 않다. 작은 규모의 리버럴 아츠 대학들이 숱한 인재를 길러내고 있다.

리버럴 아츠 대학(LAC, Liberal Arts College)은 전문적·직업적·기술적 과정과 달리 일반교양(general knowledge)을 중시하며 인문학과 더불어 사회과학, 자연과학을 두루 교육한다. 대학원 석·박사 과정

없이 학부 중심의 대학으로 재학생이 모두 합쳐 1,500명 안팎이다. 한 학년에 300~500명만 선발하는 셈이다. 석·박사 과정이 없기에 모든 교수들이 학부생에 집중할 수 있다. 교수 비율도 1 대 10 미만으로, 대표적인 LAC인 윌리엄스 대학은 학기마다 60개 강좌의 수강생을 2명으로 제한할 정도다. 경제전문지 〈포브스〉가 발표한 대학 순위(2014)에서 윌리엄스 대학은 스탠퍼드대, 프린스턴대, MIT, 예일대, 하버드대를 제치고 1위였다. 상위 10개 대학 가운데 절반이 LAC이다.

리버럴 아츠 교육은 지식을 서로 연결하고 융합해 폭넓으면서도 주체적 관점을 갖추는 데 중점을 두고 있다. 스스로 생각하고 판단해 삶의 길을 창조적으로 열어가는 힘을 길러준다는 뜻이다. LAC를 졸업한 대학생들이 갈 길은 많다. 졸업 후에 전문적인 공부를 하고 싶으면 대형 대학의 석·박사 과정이나 법과대학원, 경영대학원, 의과대학원으로 진학한다. 역대 미국 대통령 가운데 대졸자 43퍼센트가 LAC 출신이다. 스티브 잡스도 자신이 리버럴 아츠 대학을 다니며 상상력을 키웠다고 회고했다.

리버럴 아츠의 가장 적실한 번역이 다름 아닌 '교양'이다. 미국 대학은 리버럴 아츠 교육에서 '자유'를 중시한다. 대학생들은 자유로운 토론을 통해 창의적이고 비판적 사고를 스스로 길러간다. 철학, 신학, 사회학은 물론 창의적 글쓰기를 배우며 졸업할 때까지 고전 수백 권을 읽는다. 자유롭게 비판적이고 창조적인 사고와 글쓰기

를 가르치는 대학이 미국에 있기에 정보혁명을 주도하는 세계 최강
국의 자리를 지켜 나갈 수 있다는 분석도 나오고 있다.

초중고 내내 대학 입시공부를 하고 대학에 입학한 뒤에도 취업
준비를 하느라 주입식·암기식 공부를 하는 한국에서 스티브 잡스
는 물론, 페이스북을 만든 대학생 마크 저커버그가 나올 수 있을까.
그럼에도 한국의 대학들은 교양 관련 학과들을 줄이거나 없애고 있
다. 심지어 '비판적 사고'를 '부정적 사고'와 혼동하거나 불온하게
바라보는 대학총장들도 적지 않다. 대학을 사실상의 '취업 학원'으
로 여기는 근시안적 시각을 갖춘 대학 경영자나 정책 당국자를 만나
기란 어렵지 않다.

이 책에서 자세히 논의하겠지만 2030세대가 '7포 세대'(연애·결
혼·출산 포기 3포에 인간관계, 내집 마련, 희망, 꿈까지 포기한 세대)의 억압
적 현실에서 벗어나 자유로워지기 위해서라도, 김치녀와 한남으로
서로를 비난하다가, 개저씨와 맘충으로 지탄받지 않기 위해서라도
'자유 7과'에 대한 새로운 시각이 필요하다.

언론계와 학계에 몸담은 경험에 근거해 단언하거니와 대한민국
의 언론인들과 대학교수들에게도 '리버럴 아츠', 즉 교양은 낯설 뿐
만 아니라 크게 부족하다. 한국의 대학 진학률이 80퍼센트가 넘는다
며 교육수준이 높다고도 말하지만, 대학에 진학해 졸업한다고 자동
적으로 교양이 생기는 것은 전혀 아니다. 대학생들을 가르치는 교수
들과 언론인들 자신부터 교양이 부족하기에 더 그렇다. '개념 없는

어른의 교양

대졸자'들이 숱한 이유도 그 때문이다.

일찍이 철학자 헤겔은 "참다운 교양이란 얼마만한 결심으로 자기를 경멸할 수 있느냐에 있다. 조그만 자아를 버리지 못하는 한 참된 교양인이라고 할 수 없다"고 말했다. 독일 철학의 거장이 말한 자기 경멸의 참다운 교양은 무겁게 다가오지만 '조그만 자아'에서 벗어나라는 권고는 '자유'의 의미를 새삼 되새기게 한다.

영국인들에게 평생 교양의 중요성을 강조하며 속물근성을 경고한 비평가 매튜 아놀드는 교양이 인간의 정신에 끼치는 '정화 효과'가 없다면, 인류의 현재도 미래도 어쩔 수 없이 속물들에 속하게 될 것이라고 경고했다. 아놀드에게 '속물'은 "자기 인생과 생각을 부자가 되는 데 가장 많이 바친 사람들"이다. 속물처럼 살 수밖에 없다고 할 때의 그 '속물'의 일상적 뜻과 다르지 않다. 그렇다면 아놀드에게 '교양'은 무엇일까. 그는 교양을 "이 세상에 알려지고 생각된 최선의 것과 우리 자신을 익숙하게 함"이라고 풀이하며 "우리의 고정관념과 습관에 신선하고 자유로운 생각의 줄기를 갖다 대는 것"이라고 설명했다.

아놀드의 교양 개념은 서양의 개념사에서 폭넓게 받아들여져 왔다. 고대 그리스의 '리버럴 아츠'는 물론, 미국 대학가에서 말하는 '리버럴 아츠'와도 통한다. 그 맥락에서 본다면, 한국에서 흔히 논의되는 '교양'은 '교양 없는 교양'이라 해도 지나친 말이 아니다. 고정관념과 습관을 벗어나기는커녕 오히려 고정관념과 습관을 유지하고 강화해 온 그 교양을 거부할 때 비로소 교양을 갖출 수 있다.

이 책은 고대 그리스의 리버럴 아츠와 교양으로 이어진 역사적 맥락을 존중하고 그 연장선에서 21세기 '현대인의 자유 7과'를 우주, 역사, 경제, 과학, 종교, 예술, 소통으로 설정했다. 그렇게 선정한 이유는 21세기 현 시점에서 '이 세상에 알려지고 생각된 최선의 개념'들과 독자를 익숙하게 하려는 데 있다. '최선의 개념'이라 해서 지레 어렵다고 예단할 필요는 전혀 없다. 가능한 쉽게 풀이했을 뿐더러, 교양에서 '최선'의 의미는 첨단 이론이나 현학적 논리가 아니다. 아직은 그렇지 못하지만, 인류 구성원 모두의 삶에 마땅히 보편적 상식이 되어야 할 기본 개념을 의미한다.

모쪼록 자유 7과를 읽은 뒤에는 독자가 고정관념에서 벗어나 자유롭게 자신의 생각을 펴 나갈 수 있기를 소망한다. 자, 그럼 어른이 되는 길로 걸어가 보자. 첫 이정표는 '우주'다.

고대 그리스 · 로마의 자유 7과

고대 그리스 · 로마 시대에 행해졌던 전통적인 교육과정 및 중세의 일반교양 교과목으로 문법, 수사학, 논리학, 산술, 기하학, 천문학, 음악 일곱 개의 학과를 말한다. 중세의 교육 기관에서 가르쳤다. 자유과라고도 하며 영어로는 리버럴 아츠라고 부른다. 기본적인 소양과 관련된 것으로 직업이나 전문적인 능력을 강조하는 교육과는 다르다.

우주

우주는 전혀 먼 세상이 아니다.
하늘을 향해 똑바로 차를 몰면 한 시간 만에 닿는 거리다.

천문학자 프레드 호일

우주의 신비,
별의 죽음

한창 의욕적으로 사업을 넓혀 가던 지인이 돌연 암 선고를 받았다. 수술을 한 뒤 사업을 모두 접고 낙향한 집으로 찾아갔을 때다. 안주인이 정성들여 차린 건강식으로 저녁 식사를 마치고 지인을 따라 뜰로 나섰다. 몸무게가 몹시 줄어든 그는 밤하늘을 올려 보고 유난히 빛나는 별을 가리키며, 혹 별 이름을 아는지 물어 왔다. 별 이름은 한낱 인간적 편견이라 생각했으면서도 그 이름을 몰라 안타까웠다.

몇 달 뒤 지인은 세상을 떴다. 작고하기 달포 전부터 철학사 책을 구입해 읽었다는 이야기를 들었다. 상경대를 나와 사업만 해 온 고인이 철학책을 사들일 때 마음을 헤아려 보았다. 별 이름을 묻던 어스름의 시간과 겹치며 가슴이 울컥했다. 과연 그는 어느 별, 어떤 철학에서 마음의 안식을 얻었을까.

무릇 사람은 죽음 앞에 설 때, 죽음을 의식할 때 새삼 우주와 마주친다. 마치 낮에 보이지 않던 별이 밤에 나타나듯이 광막한 우주가 돌연 나타난다. 일찍이 식민지 조선에서 삶을 부여받은 젊은 시인도 사무치게 노래했다.

"죽는 날까지 하늘을 우러러/한 점 부끄럼이 없기를/잎새에 이는 바람에도/나는 괴로워했다/별을 노래하는 마음으로/모든 죽어가는 것을 사랑해야지/그리고 나에게 주어진 길을/걸어가야겠다//오늘 밤에도 별이 바람에 스치운다."

유고 시집 『하늘과 바람과 별과 시』의 첫 장에 놓인 윤동주의 「서시(序詩)」다. 한국인에게 너무 많이 알려져 오히려 온새미로 감상할 기회를 놓치기 십상이지만 새겨 볼수록 뜻이 웅숭깊다. 일본 제국주의가 기승을 부리던 1941년에 「서시」를 창작하고 4년 뒤 일제의 감옥에서 '생체 실험'을 당하며 죽음을 맞은 시인의 영혼은 「서시」로 내내 시퍼렇게 살아 있다.

시인이 죽는 날까지 우러러 한 점 부끄럼 없기를 다짐한 대상은 하늘과 별이다. 시인이 사랑한 별이 총총한 하늘, 바로 우주다. 그 별을 노래하는 마음으로 죽어가는 모든 것을 사랑하겠다는 다짐은 눈부시다.

별을 보며 슬픔의 심연으로 추락하는 마음을 다잡던 이는 유라시아 대륙의 서쪽에서도 찾을 수 있다.

"저물어 가는 해를 보며 사랑의 불꽃을, 하늘의 별을 보며 희망을 표현했다."

영혼의 화가, 색채의 마술사, 태양의 화가로 불리는 반 고흐의 고백이다. 그는 자신의 작품 곳곳에 그려 넣을 정도로 별을 사랑했다. '태양의 화가'로 불리는 이유도 따지고 보면 맥락이 같다. 태양은 지구가 돌고 있는 별이 아니던가. 대표작 '별이 빛나는 밤'은 그가 절망에 잠겨 요양병원에 입원했을 때 창작했다. 19세기 화가 고흐가 그린 별들의 세계는 21세기 허블망원경으로 관측한 별들의 풍경과 비슷하다. 새삼 예술가의 직관에 절로 감탄하게 된다.

달에 내딛은 첫발

•• 우주는 우리가 딛고 있는 땅을 비롯해 숱한 별들까지 모든 것을 아우르고 있다. 땅을 중심으로 하늘이 움직인다는 천동설에서 인류가 벗어나는 데는 참으로 오랜 세월이 걸렸다. 21세기 사람들에겐 둥근 지구의 모습이 자연스럽지만 인류가 지구를 벗어나 자신을 처음 바라본 순간은 20세기 중반을 넘으면서다.

1961년 4월 12일 오전 9시. 지금은 사라진 나라, 소비에트사회주의공화국연방(소련)이 우주선 보스토크(vostok, 동방이라는 뜻) 1호를 쏘아 올렸다. 보스토크는 무중력 상태의 우주권 돌입에 성공했다. 자연과학과 그에 근거한 기술이 열매를 맺은 셈이다. 그곳에 타고 있던 비행사 유리 가가린은 지구 밖으로 나간 최초의 인간이 되었다. 시속 18,000마일 속도로 1시간 48분 동안 지구를 선회하고 예정지에 귀착한 가가린의 '증언'은 지금 들어도 눈부시다.

"지구는 푸르다."

사회주의 국가 소련의 우주선 발사에 세계 자본주의를 주도하던 미국은 크게 자극받았다. 천문학적 투자가 이어지면서 마침내 1969년 7월 20일 미국 우주선 아폴로 11호의 비행사 닐 암스트롱이 달에 착륙했다. 암스트롱이 "한 인간으로서는 작은 발자국이지만 인류 전체에게는 위대한 도약"이라고 한 말이 두루 퍼져 있지만, 그보다는 달을 밟은 암스트롱의 느낌이 더 새길 만하다. 달을 딛고 서서 캄캄한 우주에 떠 있는 지구를 바라본 암스트롱은 다음과 같이 기록했다.

"나는 갑자기 아름답고 푸른 지구가 생각났다. 엄지손가락을 대고 한쪽 눈을 감았다. 그러자 내 엄지손가락은 지구를 그대로 가려 버렸다. 나는 내가 거인이 된 것처럼 느껴지지 않았다. 나는 그저 나 자신이 한없이 작고, 또 작게 느껴졌다."

암스트롱이 스스로를 한없이 작게 느낀 것은 달에 발을 딛고 지구를 보며 얻은 깨달음이지만, 그로부터 300여 년 전에 이미 프랑스 철학자 블레즈 파스칼은 토로했다.

달에 착륙한 닐 암스트롱

소련이 보스토크 1호를 우주로 보낸 것에 자극을 받은 미국은 1969년 아폴로 11호를 우주로
보냈다. 닐 암스트롱을 포함한 우주 비행사 3명이 탄 아폴로 11호는 달에 착륙해 달을 탐사
하고 지구로 돌아왔다. 이후에도 미국은 많은 연방 예산을 항공우주국(NASA)에 쏟아부었지
만 1970년대 이후에는 달 탐사를 중단했다. 아폴로 계획은 무려 250억 달러라는 어마어마한
비용이 투입되었다.

"내 삶의 이 짧은 시간이 그 앞과 뒤의 영원 속에 스며들어 사라지는 것을 생각할 때, 내가 차지하고 있고 보고 있는 이 작은 공간이 내가 모르고 또 나를 모르는 저 무한하고 광대한 공간 속에 잠기는 것을 볼 때, 나는 두려움을 느끼고 저기가 아닌 이곳에 있는 나를 바라보며 깜짝 놀란다. 저기가 아닌 이곳, 그때가 아닌 지금 존재할 이유가 전혀 없기 때문이다. 누가 나를 여기에 갖다 놓았는가? 그 누구의 명령, 누구의 인도로 이 시간, 이 공간이 나에게 마련되었는가? 이 무한한 공간의 영원한 침묵이 나를 두렵게 한다."

천재적 수학자이기도 한 파스칼이 300여 년을 더 살아 우주선을 타고 달에 착륙했다고 하더라도 『팡세』의 '무한한 공간의 영원한 침묵' 서술은 달라지지 않았을 터다. 파스칼의 두려움은 더 증폭되었을 가능성이 높다. 파스칼 이후 우주과학, 천문학의 발달은 우주 속에서 인간의 객관적 위상을 더 적나라하게 보여 주고 있기 때문이다.

딱히 파스칼이나 암스트롱이 아니더라도 인류가 우주의 진실을 탐구해 온 길은 스스로 얼마나 작은 존재인가를 뼈저리게 절감하는 과정이었다. 본디 인류는 수천여 년에 걸쳐 자신이 딛고 있는 땅, 지구를 우주의 중심으로 생각해 왔다. 동서를 막론하고 삶을 부여받은 인간들은 자신이 걸어 다니는 평평한 땅 위로 둥근 하늘이 덮여 있고, 하늘의 해와 달과 별들이 모두 지구를 중심으로 움직인다고 믿었다.

우리 은하와 밤하늘의 별

•• 수천 년, 아니 인류가 등장한 이래 수만 년의 세월 동안 당연하게 여겼던 믿음은 1543년 천문학자 코페르니쿠스의 발견으로 산산조각 났다. 코페르니쿠스는 해가 지구를 돌고 있는 것이 아니라 지구가 다른 행성들과 함께 해를 돌고 있다는 사실을 증명해 보였다. 지금은 그 '증명'에 놀랄 사람이 아무도 없겠지만, 당시로선 도무지 믿어지지 않는 진실이었다. 오늘날의 인류가 그 진실에 더는 놀라지 않는 이유는, 어쩌면 그 내용을 이미 알고 있어서가 아니라 망각하고 싶어서일 수도 있다.

코페르니쿠스의 발견으로 자신의 존재에 자부심과 자존심을 잃은 인류는 가까스로 해가 우주의 중심이라고 믿기 시작했다. 하지만 250여 년이 흘러 천문학의 발전은 인류가 겨우 다잡은 자부심을 다시 뒤흔들었다.

18세기 말과 19세기 초에 걸쳐 천문학자 허셜은 자신이 직접 제작한 망원경으로 밤하늘의 은하수를 면밀히 관측하고 그것이 띠 모양으로 펼쳐져 있는 숱한 별들의 무더기라는 사실, 그 은하의 바깥쪽 한 부분에 해가 자리 잡고 있어 그렇게 보였을 뿐이라는 사실을 알아냈다. 코페르니쿠스의 전환에 '해 중심'으로 자신을 추스른 인류에게 허셜은 우주에서 해가 중심이 아니라는 엄청난 충격을 주었다.

하지만 허셜이 준 충격은 코페르니쿠스가 준 그것에 견주어 상대적으로 약했다. 인류는 이미 심리적 '방어막'을 두껍게 형성하고 있었기 때문이다. 지구도, 해도, 우주의 중심이 아니라는 사실을 인류가 인식한 뒤 다시 200여 년이 흘렀다.

그 사이 허셜의 망원경은 대기권 밖에서 우주를 관측하는 허블망원경으로 발달했고 우주과학 또한 눈부시게 발전했다. 인류는 우리가 살고 있는 은하 바깥에 또 다른 은하가 있다는 사실을 알게 되었고, 종래 '안드로메다 성운'으로 부르던 곳도 우리와 별개의 은하임을 인식하게 되었다. 지구가 돌고 있는 해와 같은 별이 우리 은하에만 100,000,000,000억 개가 있다는 사실, 안드로메다은하에도 그렇게 많은 별이 있다는 사실, 1천억 개의 별을 거느리고 있는 은하(소우주)들이 우주에 100,000,000,000억 개가 있다는 사실도 '발견'했다.

실로 지구에 발을 딛고 살아가는 인간으로선 실감하기 어려운 어마어마한 규모다. 더구나 1천억 개의 은하들은 우주에 골고루 퍼져 있지 않고, 띄엄띄엄 떨어져 있다. 1천억 개의 태양(별), 다시 1천억 개의 은하를 떠올리면 우주는 별들로 가득하리라 상상할 수 있다.

하지만 아니다. 우주는 거의 진공이다. 우주과학자들은 우주에 있는 물질들이 축구 경기장만 한 공간에 좁쌀 하나 정도라고 설명한다. 우주 공간에 흩어져 있는 그 좁쌀들이 별이라는 것이다. 상대적으로 수십 개에서 수백 개씩 은하가 모여 있는 곳을 '은하군'이라 하고, 은하군이 다시 여러 개 몰려 있는 곳을 '은하단'이라 한다.

그렇다면 태양계가 속해 있는 우리 은하는 어떨까. 비교적 은하가 모여 있어 안드로메다은하, 마젤란은하들과 은하군을 이루고 있다. 우리 은하가 속한 은하군의 지름은 250만 광년이다. 빛의 속도로 250만 년을 가야 한다는 뜻이다.

우리 인류의 별, 해에서 가장 가까운 별(프록시마, Proxima Centauri)까지만 보아도 40조 킬로미터다. 단 1초도 쉼 없이 빛의 속도(상식이지만 빛의 속도는 1초에 30만 킬로미터로 뻗어 나간다.)로 4년 넘게 계속 가야 하는 거리다. 그 말은 해를 중심으로 반지름 40조 킬로미터 안에는 어떤 별도 없다는 뜻이다.

여기서 밤하늘에 총총한 별들을 눈으로 본 독자라면 고개를 갸우뚱할 수밖에 없을 성싶다. 우주가 진공에 가깝다는 말, 별들 사이에 거리가 40조 킬로미터라는 설명과 밤하늘 가득 총총 빛나는 별들이 선뜻 이어지지 않기 때문이다. (자본주의 문명이 발달하면서 대기오염으로 밤하늘 가득한 별들을 맨눈으로 본 사람들이 줄어들고 있지만, 1970년대만 하더라도 한국의 산간 지역에선 까만 밤하늘 가득 총총한 별들의 황홀한 풍경을 맨눈으로 볼 수 있었다.)

짐작했겠지만, 그것은 별들 사이의 거리가 생략된 채 한꺼번에 우리 눈에 보이기 때문이다. 노란별, 주홍별, 붉은 별, 초록별, 푸른 별, 하얀 별이라는 별빛의 차이가 그것을 증명한다. 별들은 밀집해 있는 것처럼 보이지만 별들 사이의 거리는 인간의 상상을 넘어선다. 별 사이의 거리가 별빛의 다채로움으로 인간에게 보일 뿐이다.

별의 탄생과 죽음

•• 반 고흐의 작품과 윤동주의 시에서도 얼핏 나타났듯이 별은 죽음을 맞을 수밖에 없는 존재인 인간에게 '영원'의 상징처럼 다가온다. 그래서 별을 바라보는 마음, 별을 노래하는 마음이 회자되는 것이다.

하지만 잊지 말아야 할 진실이 있다. 별들도 죽는다는 것이다. 인간이 그렇듯이 별 또한 태어난다. 별의 자궁은 우주 공간의 가스와 먼지가 뭉쳐진 성운이다. '성운'은 우주에 있는 먼지나 가스가 구름 모양으로 이루어져 있어 붙여진 이름이다. 가스와 먼지들은 '성간 물질(Interstellar Medium)'이라 부른다. 성간 물질이 있는 모든 곳에서 별이 탄생하지는 않는다. 성간 물질의 밀도가 높고, 온도가 상대적으로 낮은 곳에서 별이 태어난다. 그 조건에서 성간 물질이 쉽게 결합하며 압축될 수 있고 마침내 '원시별(protostar)'이 탄생한다.

원시별의 중력으로 성간 물질이 계속 모여들어 압축되면 중심 온도가 더 높아지고 그만큼 주변 물질들도 더 끌어들인다. 원시별의 내부 온도가 높아 가면 어느 단계에서 핵융합 반응이 시작되는데 그때 '안정'된 주계열(main sequence)의 별이 된다. 별의 중심부에서 수소의 핵융합 반응이 일어나며 에너지를 발산하는 단계로, 별의 청·장년기라 할 수 있다. 대다수의 별들은 '일생'의 대부분을 중심부에서 수소를 헬륨으로 전환하며 보낸다. 우리의 별, 해 또한 그 단계에 있다.

하지만 언젠가 별 내부의 수소가 바닥나고 그에 따라 에너지가 시나브로 줄어들 수밖에 없다. 인간이 그렇듯이 모든 별에게 필연적으로 찾아오는 노화다. 별의 수명을 좌우하는 것은 태어날 때의 질량이다. 무거운 별들은 상대적으로 주계열에 오래 머무르지 못하고 일찍 늙어간다. 수소의 핵융합 속도가 그만큼 빠르기 때문이다.

그렇다고 질량이 적어야 좋은 것은 결코 아니다. (우주에서 일어난 현상을 놓고 좋고 나쁨을 따지는 것은 어림없는 일이지만 군이 말하자면 그렇다는 뜻이다.). 어느 정도의 질량을 갖추지 못하면 수소가 핵융합을 할 만큼의 온도에 이르지 못한다. 별이 되지 못한다는 뜻이다. 별 주위를 돌아다니는 떠돌이별(행성)에 그치고 만다. 인류가 살고 있는 지구가 그렇다. 두루 알다시피 지구는 별이 아니라 우리가 '해'라고 이름붙인 별을 세 번째 궤도에서 돌고 있는 행성이다. 초고온의 별이 아니기에 인류가 나타날 수 있었다.

별이 주계열의 청·장년기를 거치면, 적색거성(물리학계도 언젠가는 번역된 개념들을 대폭 수정할 필요가 있다. '적색거성'보다 '붉은큰별'로 표기하는 것이 다음 세대에게 훨씬 쉽게 다가서며 호기심을 더 불러일으킬 수 있다. 새로운 개념은 띄어쓰기의 원칙을 지키지 않는 것이 좋겠다.)이 되고 폭발로 일생을 마칠 때 질량에 따라 중심부가 백색왜성·중성자별·블랙홀로 변한다. 질량이 태양과 비슷한 별은 수소가 거의 바닥이 날 무렵에 적색거성으로 커진다. 부피가 늘어난 적색거성은 마지막 단계에서 바깥 부분이 날아가 버리고 중심부의 핵만 남아 백색왜성(흰작은별)을 이룬다.

그런데 질량이 해의 10배 이상으로 큰 별은 폭발하고 중심부의 무거운 물질이 남아 중성자별을 형성한다. 중성자별은 빠르게 자전하면서 전파를 방출한다. 태양 질량의 30배 이상인 별들은 초신성 폭발을 거치면서 강한 수축으로 빛조차 빠져 나갈 수 없는 블랙홀을 형성한다.

우리가 살고 있는, 더 정확히는 인류를 살 수 있게 해 주는 별, 해는 태어난 지 46억 년이 되었다. 앞으로 50~70억 년이 지나면 적색거성으로 부풀어 오른 뒤 마침내 외곽이 모두 터지고 중심만 남아 창백한 작은 별로 죽음을 맞을 '운명'이다.

별도 탄생과 죽음이 있다고 하지만 인간의 수명과 견주는 것은 아무래도 무리다. 인간의 수명은 아무리 건강해도 100년을 넘기기 어렵지만, 밤하늘의 뭇별 가운데 지극히 평범한 별인 해의 수명은 100억 년에 이른다. 우주과학자들은 인간이 해를 관측하고 분석하는 모습이 하루살이가 인류에 대해 따따부따하는 꼴이라고 비유한다.

하지만 장구한 우주 속에서 살핀다면 별의 일생 또한 짧다. 지금 밤하늘에 빛나는 모든 별들은 단지 '시간' 문제일 뿐 언젠가 사라질 수밖에 없다. 그 명확한 사실을 인식할 때, 새삼 우리는 묻지 않을 수 없다. 우주의 신비를. 생각하면 할수록 더 경외감을 느끼게 하는 별의 존재를. 밤하늘 총총한 무수한 별들의 뜻을.

다중우주와
외계 생명체

해를 비롯해 1천억 개의 별들로 구성된 은하, 그 은하가 우주에 1천억 개. 어마어마한 은하와 별들의 발견은 현대 천문학이 눈부시게 이룬 과학적 성과다.

그런데 별들의 숫자. 1천억×1천억 개를 비롯한 우주과학의 발견들은 대폭발 이론에 근거하고 있다. '뱅(Bang)'은 우리말 의성어 '꽝'에 해당해 빅뱅(Big Bang)은 크게 꽝 했다는 뜻이다. 빅뱅이론은 우주의 기원을 138억 년 전 대폭발에서 찾는다. 우주는 태초에 밀도가 높고 뜨거운 상태에서 큰 폭발(빅뱅)을 일으키고 그 뒤 지금까지 계속 팽창하고 있다는 이론으로 현대 우주론의 정설로 자리 잡았다. 빅뱅이론을 정초한 과학자는 러시아 태생의 미국 물리학자 조지 가모프다. 가모프는 1946년 발표한 논문에서 우주가 고온 고밀도

상태였으며 탄생(빅뱅) 1초 뒤 100억 도, 3분 뒤 10억 도, 100만 년 지나 3,000도로 식었다고 주장했다.

우주가 시간도 공간도 없는 작은 점에서 탄생했고 당시 온도는 100억 도라는 마치 공상 같은 빅뱅 이론이 정설로 정착한 근거는 관측이다. 천문학자 허블은 1929년 천문대에서 우주의 은하들이 방향에 관계없이 우리 은하로부터 2배, 3배, 그 이상으로 계속 멀어지고 먼 거리에 있는 은하는 거리에 정비례해 더 빨리 멀어지는 현상을 관측했다. 허블은 이를 근거로 우주가 팽창하고 있는 사실을 자신이 확인했다고 주장했다.

우리 은하로부터 모두 멀어지고 있다고 해서 우리가 우주의 중심이라는 뜻은 전혀 아니다. 우주과학자들은 우주의 팽창을 풍선에 비유한다. 아직 불지 않은 풍선에 점들을 찍고 그것을 은하라고 가정하면, 풍선에 바람을 불어 넣을 때 점들 사이의 거리는 부푸는 만큼 멀어지게 된다.

또 다른 근거는 우주에 존재하는 헬륨의 양이다. 우주에서 우리 눈에 보이는 물질의 4분의 3 가까이가 수소다. 수소가 핵융합을 통해 헬륨이 되려면 적어도 1천만 도가 넘어야 한다. 우주 생성이 엄청난 고온에서 시작됐다고 천문학자들이 내린 결론은, 우주에 헬륨이 수소의 3분의 1이나 존재하는 사실에 근거했다.

빅뱅 우주론이 정설이 된 '결정타'는 1964년 천문학자들이 우연히 '우주배경복사'를 발견하면서였다. 빅뱅이 사실이라면 폭발할 때의 빛이 우주 속에 고르게 퍼져야 한다고 가정할 수 있는데, 그 우주 배경복사가 −270도까지 식은 상태로 포착됐다.

빅뱅이론과 다중우주론

•• 빅뱅이 사실이라면 그 끝은 어떻게 될까. 끝없이 퍼져 나갈까. 과학자들은 공중으로 던진 돌은 다시 땅으로 떨어지든가, 아니면 지구를 탈출하든가 둘 중 하나라고 설명한다. 돌의 운명은 전적으로 그 돌이 어떤 속도로 던져졌느냐로 좌우된다. 우주의 운명도 마찬가지다. 애초에 어떤 강도로 빅뱅을 했느냐가 관건이라는 뜻이다. 우주가 무한히 팽창할지, 팽창을 멈추고 다시 수축할지는 대폭발의 강도가 좌우한다. 어떤 힘보다 강력한 대폭발이었다면, 은하들의 중력이 팽창하는 속도를 줄일 수 있겠지만, 팽창 자체는 막을 수 없어 끝없이 늘어난다. 하지만 그렇지 않다면 은하들의 중력으로 팽창 속도가 줄어들다가 마침내 멈추거나 수축할 수 있다.

과연 어떤 운명일까. 21세기 우주과학자들은 어떤 대답을 내놓고 있을까? 그들의 답은 과학자답게 "알 수 없다"이다. 더 커다란 천체망원경, 더 정밀한 관측 기술이 개발되어야 해결될 문제라고 그 또한 과학자답게 덧붙이지만, 과연 아무리 큰 망원경과 정교한 관측 기술이 개발되더라도 인간이 그 운명을 정확히 파악할 수 있을까?

물론, 빅뱅이론에 회의적인 과학자들도 있다. 빅뱅 이전에는 무엇이 있었는가라는 물음이 자연스럽게 제기될 것이다. 그 문제에 빅뱅이론이 답을 못하는 것은 아니다. 빅뱅으로 시간과 공간이 생겨났으며, 여기에는 '바깥'도 없고 '먼저'라는 개념도 존재하지 않는다는 설명이 그것이다. '선문답'같은 과학적 설명에 의문은 꼬리를 물고 이어진다. 시간도 공간도 없는 곳에서 어떻게 우주가 생성되었다는 말인가? 우주의 끝에는 대체 무엇이 있단 말인가? 빅뱅 이전의 세계, 그 무(無)의 세계, 알 수 없는 세계는 어떤 세계인가? 어떤 세계이기에 빅뱅을 일으켰는가?

그 물음을 풀기 위한 우주과학자들의 연구는 '다중우주'로 나타났다. 다중우주(Multiverse)론은 우리가 살고 있는 우주 외에도 다른 우주들이 존재한다는 가설이다. 여기서 '가설'이라고 해서 신뢰성을 접을 이유는 없다. 다중우주론도, 빅뱅이론도 그렇듯이 과학의 모든 이론은 가설이기 때문이다. 새로운 발견이 나타날 때 기존 이론은 폐기될 수밖에 없다.

다중우주론은 빅뱅이론의 난점들을 고심하는 가운데 등장했다. 빅뱅을 만들어 낸 에너지가 우리 우주가 시작되기 전부터 존재했으리라 본 과학자들은 우리가 알고 있는 우주와 전혀 다른 우주의 존재 가능성을 생각하기 시작했다.

다중우주론에 따르면, '우리의 우주'는 다중우주의 일부다. 우리 우주의 근원인 빅뱅과 급팽창은 강력한 반중력이 촉발한 것으로 유일무이한 사건이 아니다. 우리 우주의 빅뱅 이전에도 이미 여러 차례의 빅뱅이 있었고, 앞으로도 무수히 빅뱅이 일어날 수 있다는 주

어른의 교양

장이다. 끊임없이 되풀이되는 팽창 과정 속에서 새로운 우주가 잇따라 탄생할 수 있다. 새 우주들이 형성되더라도 언제나 나머지 공간은 있게 마련이고, 그 공간은 방출되지 않은 에너지로 가득하기 때문에 더 많은 빅뱅으로 더 많은 우주가 탄생한다. 그 과정이 영원히 이어질 수 있다는 뜻이다. 간추리면 빅뱅으로 새로운 우주가 끊임없이 탄생해 펼쳐진다는 이론이 다중우주론이다. 다중우주론에서 별의 숫자는 상상을 초절한다. 지구에 사는 우리의 별인 해와 같은 별이 빅뱅이론으로 밝혀진 숫자만 1천억×1천억 개인데, 다중우주론은 그 우주가 그저 숱한 우주의 하나일 뿐임을 주장한다.

여기서 잠깐이라도 사색해 보길 권해 드린다. 이 글은 여러분이 읽고 하루아침에 교양이 풍부해지리라고 생각해서 쓴 것이 아니다. 독자 스스로 우주의 광대함을 충분히 사색해 보았으면 한다.

외계 생명체에 대한 기록

•• 파스칼의 말을 조금 빌리면 무한한 공간의 영원한 생성의 의미를 인식할 때, 외계 생명체를 상정하는 것은 자연스럽기도 하고 어찌 보면 필연이기도 하다. 인류가 걸어온 사유의 역사는 기록으로 남은 것만 살펴보아도 그 놀라운 상상력에 새삼 감탄하게 된다. 이미 코페르니쿠스의 전환 이전인 '천동설 시대'에도 외계 생명체를 상상했다. 당장 조선의 풍속은 물론 중국과 인도의 설화를 짚어 보아도, 달에 토끼 또는 두꺼비가 살고 있지 않던가. 서양에서도 마찬가지다. 고대

그리스인 가운데 달에 사람이 살고 있다고 믿은 기록이 남아 있다. 일찍이 철학자 에피쿠로스는 "우리가 모르는 생명체가 사는 곳이 우주에 수없이 많을 것"이라고 주장했다. 고대 로마의 시인 루크레티우스는 "우주 어딘가 우리 지구와 같은 곳에 사람이나 동물이 살고 있을 것"이라고 기록했다.

코페르니쿠스의 전환으로 외계 생명체의 상상은 더 확산되었다. 근대를 상징하는 계몽사상가 칸트도 외계 생명체를 추정했다. 태양계 생성에 관한 학설로 성운설을 남길 만큼 천문학에 조예가 깊었던 철학자 칸트는 직접 망원경으로 우주를 관측하며 별들 또한 해와 다를 바 없는 존재임을 간파했다. 칸트는 신의 창조 행위가 아니라 천체들이 발전해 가면서 생명체가 생겨났다고 보았다. 그리고 진화론자들보다 앞서 생명체가 특정한 외적인 조건들과 연계되어 있다는 인식도 기록으로 남겼다. 칸트가 외계 생명체에 대해 서술한 문장을 읽어 보자.

"나는 모든 행성들에 다 생명체가 살고 있다고 주장할 필요는 없다고 본다. 또한 이것을 굳이 부정하는 것도 불합리하다. 태양의 티끌에 불과할 정도로 황량하여 생명체가 없는 지역들도 있을 것이다. 어쩌면 모든 천체들이 미처 완전한 형태를 다 갖추지 못했을지도 모른다. 어떤 거대한 천체가 확실한 물질상태에 도달하기까지는 수천 년에 또 수천 년이 더 걸릴지도 모른다."

_____ 어른의 교양

기독교가 중심인 유럽 사회에서 조심스러울 수밖에 없는 진단이지만, 외계 생명체의 가능성에 무게가 쏠린 말임에 틀림없다. 현대 우주과학으로 보더라도 놀라운 예지가 아닐 수 없다. 칸트의 묘비명에도 어김없이 별이 새겨져 있다.

"생각하면 할수록 내 마음을 늘 새로운 놀라움과 경외심으로 가득 채우는 것이 두 가지 있다. 하나는 내 위에 있는 별이 빛나는 하늘이요, 다른 하나는 내 속에 있는 도덕률이다."

칸트 사후 망원경이 더 정교해지고 그에 따라 새로운 별들이 끊임없이 발견되면서 다른 천체에도 생명체가 존재하리는 생각은 논문과 문학 작품을 통해 폭넓게 소통됐다.

가령 H. G. 웰스가 1898년에 쓴 『우주전쟁』에는 화성인이 등장한다. 지름 1.2미터에 이르는 거대한 머리에 큰 눈과 입, 16개의 채찍 같은 촉수를 지닌 문어형의 생물로 이후 외계인의 전형이 되었다.

인류가 외계지적생명체탐사(SETI; Search for Extra-Terrestrial Intelligence)에 본격적으로 나선 해는 1960년이다. 젊은 전파천문학자 프랭크 드레이크(Frank Drake)는 '오즈마 프로젝트'를 만들어 민간지원을 받아내는 데 성공했다. 그해 4월에 지름 25미터의 전파 망원경을 설치하고 우주에서 오는 외계인의 신호를 포착하겠다고 공언했다. 프로젝트 이름은 동화 「오즈의 마법사」에서 아득히 먼 공상의 나라로 나오는 오즈의 여왕 '오즈마'에서 따왔다.

드레이크는 자신의 계획에 정당성을 부여하려고 우주에 존재하는 고등생명체와 우리 인류가 소통할 수 있는 확률을 계산하는 방정식을 만들었다. 바로 '드레이크 방정식(Drake equation)'이다.

드레이크는 우리 은하에 있는 별이 1,000억 개라는 사실에서 출발했다. 별은 온도가 높아 생명체가 살 수 없고, 행성에서는 가능하다. 그런데 모든 별이 행성을 갖고 있는 것은 아니다. 우리 은하 안에 행성의 수를 추정하려면 별이 평균 몇 개의 행성을 지니는지 알아야 한다. 별들 가운데 절반은 행성을 갖고 나머지는 행성을 갖지 않는다면, 우리 은하에는 1,000억의 50퍼센트, 즉 500억 개의 별들이 행성을 지닌다. 그렇다면 행성을 가진 별은 평균 몇 개의 행성을 거느리고 있을까? 우리의 별, 해를 기준으로 삼는다면 은하 내의 행성의 수는 500억 × 9개 = 4,500억 개가 된다. 그런데 모든 행성에서 생명체가 산다고 볼 수는 없다. 생명체가 만들어질 수 있는 여건이 되어야 되며, 그 조건을 갖췄다고 반드시 생명체가 등장한다는 보장도 없다. 태양계 행성 중 생명체가 있다고 확신하는 것은 지구 하나뿐이다.

이 논리를 우리 은하계 전체에 도입하면 생명체가 태어날 수 있는 환경의 행성은 9분의 1 확률이고, 행성의 수는 4,500억 개 중 9분의 1, 즉 500억 개가 된다. 행성에서 생명체가 만들어진다고 해서 모두 인간과 같은 지적인 생명체로 진화한다고 볼 수 없다. 나아가 지적인 생명체로 진화했다고 할지라도 그들이 우리 지구와 교신할 수 있을 만큼 우수한 기술을 가질 때까지 발전할 수 있을지도 의문이다. 게다가 외계와의 통신 기술을 갖은 상태를 얼마나 지속한 후 멸망하는지도 알아야 한다.

외계 생명체를 만날 가능성

•• 우리 태양계에서는 아직까지 지구가 유일하게 생명체를 보유한 행성이며, 지적인 생명체를 거쳐 외계와 통신이 가능한 상태까지 왔다. 따라서 태양계를 모델로 하면 생명체가 만들어진 행성에서 외계와의 통신이 가능한 단계까지 갈 확률은 100퍼센트라고 볼 수 있다. 외계와 통신이 가능한 행성의 수는 500억 개이지만, 문제는 접촉 가능성이다. 만약 우리 인간이 200년을 내다보며 외계인을 만날 가능성을 찾는다면, 우리 은하의 나이를 100억 년이라 가정할 때, 외계와 통신 가능한 행성이 발견될 확률은 100억 분의 200, 결국 행성의 수는 1,000개가 된다.

이를 방정식으로 만든 것이 '$N = R^* \times fp \times ne \times fl \times fi \times fc \times L$'이다. 여기서 N은 우리가 속한 은하계에서 탐지 가능한 고도문명의 수, R^*은 지적 생명이 발달하는 데 적합한 환경을 가진 별이 태어날 비율, fp는 별이 행성계를 가질 비율, ne는 행성계가 생명에 적합한 행성을 가질 비율, fl은 행성에서 생명이 발생할 확률, fi는 생명이 지성의 단계로까지 진화할 확률, fc는 지적 생명체가 다른 천체와 교신할 수

명왕성 탐사선 뉴호라이즌스
—

뉴호라이즌스는 명왕성을 탐사하는 무인 탐사선으로 2006년 1월 미국에서 발사되어 2017년 7월 14일에 명왕성을 통과했다. 명왕성을 지나 2014 MU₆₉를 탐사하기 위해 비행 중이며 예정일은 2019년이다. 2014 MU₆₉는 카이퍼 벨트(Kuiper Belt, 태양계 끝자락에 수많은 천체가 띠 모양으로 밀집해 있는 지역)의 소행성으로 태양계 탄생 초기 물질로 이루어져 있을 것으로 예상하고 있다. 뉴호라이즌스가 이 비행에 성공하면 인류 문명 역사상 가장 먼 세상을 근접 비행하는 기록을 세우게 된다.

있는 기술문명을 발달시킬 확률, L은 그러한 문명이 탐사 가능한 상태로 존재하는 시간이다.

따라서 1,000개가 나왔다고 해도 각 단계의 확률에서 여러 변수가 있기에 정확한 값은 아니다. 도입된 많은 확률이 상당히 부정확하며, 현재로서는 정확한 추정이 불가능하다.

드레이크가 '확률 방정식'에서 지적 생명체와 소통할 행성으로 1,000여 개를 꼽은 사실에 실망할 이유는 전혀 없다. 1,000개의 가능성이 적은 것은 결코 아니지만, 그 숫자는 우리 은하계 안에서 소통할 수 있는 가능성이다. 존재 가능성은 더 높다. 천문학자 칼 세이건은 우리 은하에만 100만 개 행성들에 지적인 생명체가 살고 있으리라 추정했다. 우리 은하계와 비슷한 은하가 1,000억 개가 있으니까 우주 전체로 따진다면 100조~1,000경 개의 행성에 외계 생명체가 존재할 수 있고, 그 행성마다 100억 명이 살고 있다면 우주의 외계인 총 숫자는 자그마치 1자~10양에 이른다.

하지만 외계 생명체와 만날 가능성은 확률보다 더 냉철해야 한다고 주장하는 과학자들도 많다. 그들은 외계 생명체 문제에 '거리의 현실'을 강조한다. 별들 사이의 거리가 얼마나 먼지 잘 알지 못하기 때문에 외계 생명체를 쉽게 생각한다는 것이다.

지금까지 인류가 만들어 낸 물체 가운데 가장 빠르게 지구를 탈출한 것은 피아노 크기의 작은 우주선 뉴호라이즌스다. 10년 동안 날아간 끝에 2015년 7월 명왕성에 도착했는데 발사될 때의 탈출속도가 초속 16.26킬로미터로, 중간에 목성의 중력 도움을 받아 초속 23킬로미터까지 올렸다. 초속 23킬로미터라면 총알 속도의 23배다. 인간의 기준으로 보면 엄청난 속도이다. 그런데 지구에서 가장 가까운 별, 프록시마는 4.2광년 거리에 있으므로 그 속도로 날아간다면 옹근 5만 5천 년이 걸린다.

따라서 외계 생명체가 우리를 발견하고 찾아온다면, 그 생명체는 별들 사이의 거리를 자유롭게 이동할 수 있다는 뜻이 된다. 그렇다면 그들은 우리가 상상할 수 없는 자원과 에너지를 지닌 셈이다. 바로 그래서 굳이 그들이 지구 따위에 눈 돌릴 이유가 없다는 결론이 나온다. 지구의 물질은 모두 우주에서 온 것이라 별 다를 게 없어서 외계인이 은하계 변두리의 작은 행성까지 굳이 찾아올 동기가 없다는 주장이다.

더구나 지구상에 인류가 나타난 것은 아무리 늘려 잡아도 '겨우 20만 년 전'이고, 문명을 일구어 온 것은 1만 년이 채 안 된다. 우주 138억 년의 역사에 견주면 말 그대로 '찰나'다. 다른 외계 문명이 있더라도 그 또한 찰나라면, 두 찰나가 동시에 존재할 확률은 거의 0에 수렴한다는 계산이 나온다.

인류와 외계 생명체의 조우

•• 그렇다면 진실은 무엇일까. "알 수 없다"가 정답이다. 다만 현존하는 최고의 우주과학자 스티븐 호킹의 말에 귀 기울일 필요는 있다.

2015년 호킹은 외계 생명체의 존재는 의심할 여지가 없으며 수학적으로 볼 때 외계인에 대한 자신의 생각은 이성적이라고 밝혔다. 문제는 그들이 있다, 없다가 아니라 어떤 존재인지 알아내는 것이다. 호킹은 외계 생명체와 만날 때 인류의 위험성에 대해 경고했다. 호킹은 "옛날 콜럼버스가 아메리카 땅을 발견한 뒤 원주민들에게 한 짓을 보라"면서 아메리칸 원주민들에게 결코 좋지 않은 결과가 있었듯이 외계 생명체가 우리 인류를 파괴할 수 있다고 경고했다.

호킹은 진화된 외계 생명체는 그들이 다다르는 행성을 정복하고 식민지로 만드는 유목민(nomad)과 같을 수 있다고 전망했다. 호킹은 또 재해로 지구가 파괴될 위험이 점점 증가하고 있기 때문에 인류를 위한 최상의 생존 전략은 새로운 행성에 새로운 삶의 터전(home)을 찾는 것이라고 강조했다.

호킹은 외계 생명체의 침략과 인류 생존위기에 대한 자신의 경고는 우주 연구의 중요성에 대해 대중적 인식을 높이려는 의도라고 솔직히 밝혔다. "지능이 높은 생명체는 절대로 접촉하고 싶지 않은 생명체로 진화할 것이라는 점은 우리 자신을 보면 잘 알 수 있다"는 호킹의 씁쓸한 경고는 새길 만하다. 디스커버리 채널이 2010년 제작한 다큐멘터리에서 호킹이 제시한 외계인의 모습은 우리의 통상적인 생각과 사뭇 달라 외계 생명체에 대한 우리의 상상력을 자극하고 있다.

칼 세이건은 우주에서 지구에만 생명체가 존재한다면 엄청난 공간의 낭비라고 말했다. 낭비 여부를 떠나 그런 믿음은 비과학적이다. 물론, 인류가 앞으로도 외계 생명체를 만날 가능성은 없을 수 있다. 하지만 만날 수 없다고 해서 존재하지 않는다고 결론내릴 수는 없다. 어느 순간 갑자기 인류와 외계 존재가 만날 가능성도 있다.

외계 생명체가 존재할 가능성이 높다는 과학적 사실을 온전히 인식한다면, 우리 인류가 삶을 바라보는 지평은 크게 넓어질 수 있다. 다중우주와 더불어 외계 생명체의 존재를 '교양'으로 제시하는 이유도 여기에 있다.

우주 속 인간의 존재,
별의 부활

인류가 '영원'의 상징으로 숭배하거나 경외해 온 해를 포함한 모든 개개의 별들이 죽음을 맞는다는 사실, 인류의 존재는 물론 별의 존재도 전체 우주 속에서 메스꺼움이나 어지럼을 느낄 정도로 미약하다는 진실을 확인할 때 다음과 같은 물음이 자연스럽게 이어질 수 있다.

'이 모든 것은 다 무엇인가?'[2]

암흑물질과 평행이론

•• 우주의 광대함을 인식할 때 누구나 삶에 엄습하는 허무감을 적어도 한 번은 느낄 수밖에 없다. 그런데 값싼 허무감에 우리가 빠질 수 없는 명확한 이유가 두 가지 있다.

첫째, 아직도 인류가 모르는 게 너무 많다는 엄연한 사실이다. 앞서 인류가 알고 있는 우주 물질의 대다수가 수소와 헬륨임을 짚었다. 주의 깊게 책을 읽은 독자라면 왜 굳이 '인류가 알고 있는 우주 물질'이라는 수식어를 썼을까 의아했을 성싶다. 물론, 그 수식어를 쓴, 아니 꼭 써야만 할 이유가 있다. 인류가 모르는 물질이 우주에 많기 때문이다. 단순히 많은 정도가 아니라 물리학자들의 추정으로는 우주 물질 가운데 인류가 알고 있는 것은 4퍼센트에 지나지 않는다.

인류가 아직 발견하지 못한 우주의 96퍼센트 물질을 과학자들은 '암흑 물질(dark matter)'이라고 부른다. '암흑'이라 붙인 이유는 말 그대로 무엇인지 깜깜하게 몰라서다. 빛과 작용하지 않기에 보이지 않아 정체가 베일에 가려 있다. 볼 수도 알 수도 없지만 그들이 이미 알려진 물질과 중력으로 상호작용하는 사실을 앎으로써 존재 또한 파악할 수 있다. 그러니까 인류는 4퍼센트의 가시적 물질에 근거해서 우주를 해석하고 있는 셈이다.

암흑 물질의 정체를 밝히는 연구는 현대 우주과학의 최첨단 지점이다. 암흑 물질 외에도 '암흑 에너지(dark energy)'가 있다. 아인슈타인이 우주에는 서로 밀어내는 척력이 있다고 가정했듯이 암흑 에너지가 팽창을 가속화한다고 과학자들은 추정하고 있다.

우주 속에 존재하는 암흑 물질을 고려하면, 다중우주론의 타당성은 더 높아 보인다. 그만큼 암흑 물질의 비율은 더 높아질 수도 있다. 암흑 물질과 암흑 에너지가 우주의 대부분이라는 사실에 주목하면, 지구에서 물리학을 연구해 온 인류가 전혀 모르는 '물리 법칙'이 있으리라는 추정도 얼마든지 가능하다.

인류는 높이, 길이, 너비로 이루어진 3차원의 세계에 살고 있지만, 4차원은 물론, 9차원, 11차원의 우주가 있다고 주장하는 과학자들이 있다. 바로 끈이론이다. 끈이론(string theory)은 모든 물질의 최소 단위를 입자로 보지 않고 '진동하는 끈'으로 설명한다. 입자의 성질과 자연의 기본적인 힘이 끈의 모양과 진동에 따라 결정된다는 것이다.

물리학자 브라이언 그린(Brian Greene)은 끈이론을 거리의 신호등을 지탱하고 있는 케이블을 보기로 들어 설명한다. 우리가 길을 오가며 떨어져서 보는 케이블은 1차원의 선으로 들어온다. 하지만 인간의 몸이 개미의 크기로 줄어든다면 케이블 둘레에 감겨 있는 원형의 또 다른 차원을 발견하게 된다는 것이다. 브라이언은 우리의 몸이 개미의 수십억 분의 1로 줄어들면 공간 곳곳을 감싸고 있는 작은 차원들을 추가로 발견할 수 있다고 말한다. 공간의 모든 지점에 너무 작아서 보이지 않는 매듭처럼 또 다른 차원이 감겨 있다는 것이다. 그 설명에서 끈이론은 무수히 다양한 우주가 존재하는 다중우주론과 이어진다.

우리가 값싼 허무감에 빠질 수 없는 두 번째 이유는 '평행이론'이 제기하듯이 우리 개개인의 '재생' 가능성 때문이다. 무엇보다 주목할 것은 별의 죽음이 그것으로 끝이 아니라는 사실이다. 별이 폭발하며 우주 공간으로 방출된 파편들은 성운을 이룬다. 바로 그 먼지와 가스에서 다시 '원시별'이 태어난다. 인류에겐 메스꺼울 정도로 현기증 나는 기나긴 시간대이지만, 아무튼 별이 태어나고 죽고 다시 태어나는 과정을 되풀이하는 것은 분명하다. 그 과정에서 우주 물질은 순환한다.

앞서 짚었듯이 우주에서 가장 많이 알려진 물질은 수소이고 그 것이 수축되어 핵융합을 한 결과가 헬륨이다. 해를 비롯해 밤하늘의 총총한 별들 모두 수소와 헬륨으로 구성되어 있다. 그렇다면 우리 주변에는 왜 수소, 헬륨과 다른 원소들이 많을까. 인간이 생명을 유지하는 데 꼭 필요한 산소, 지구 대기에 가장 많이 들어 있는 질소, 유기체를 구성하는 탄소들은 어디서 온 걸까.

모두 별에서 왔다. 수소가 핵융합을 하며 헬륨으로 바뀌는 별의 중심부에서 초고온 상황의 헬륨이 핵융합을 하면, 헬륨보다 더 무겁고 복잡한 원소들이 만들어진다. 탄소는 중심 온도가 수억 도가 될 때 나타난다. 탄소는 다시 네온을 낳고, 10억 도가 넘어갈 때 네온에서 산소가 나타난다. 우리가 흔히 보는 철은 30억 도의 초고온에서 나타난다.

'살아 있는 별'의 내부는 온도와 압력에 한계가 있기 때문에 철보다 원자핵이 많은 원소들은 만들어지기 어렵다. 흔히 중금속으로도 부르는 보석, 금·은·동(구리)은 별의 죽음으로 생겨난다.

특히 크고 밝은 별들이 초신성으로 폭발할 때 그 이전과 견주기

어른의 교양

어려울 정도로 엄청난 열과 압력으로 만들어진 물질들이 주변의 우주공간으로 산산이 뿌려진다. 그것이 우주의 먼지, 성운이 된다.

지구도 마찬가지다. 지구의 지각을 이루고 있는 주요 원소인 산소, 규소, 알루미늄, 철, 칼슘, 나트륨, 칼륨, 마그네슘 모두 별이 남긴 먼지와 가스이다. 그 원소들이 지구의 '대자연'은 물론, 인간이 만들어내는 모든 상품을 구성하고 있다.

생명체와 인간도 마찬가지다. 생명체를 이루는 6개의 주요 원소는 탄소, 수소, 질소, 산소, 인, 황인데 모두 별이 죽은 잔해, 우주 먼지에서 왔다. 바로 그 점에서 인류, 곧 우리 개개인의 '고향'은 별이다. 탄생만이 아니다. 인간이 죽으면 우리 몸을 구성하고 있는 물질들은 사라지지 않고 미생물이나 동식물을 거치며 생태계를 돌고 돈다.

수십억 년이 더 흘러 우리의 별, 해가 수소 연료를 모두 쓰고 죽음의 길로 들어서면서 팽창하면 지구는 가까워진 태양열로 모든 생물은 물론 태평양도, 히말라야 산맥도 사라진다. 마침내 태양으로 빨려 들어가 그동안 지구에서 순환하던 우리 몸속 물질도 녹아든다. 하지만 모든 별이 그렇듯이 해 또한 죽음을 맞으며 담고 있던 물질을 우주 공간에 다시 방출해 우주 먼지를 이룬다.

이미 소개했듯이 우주 먼지들은 중력 수축을 하며 가스 원반을 형성하고 회전한다. 그러면서 중심부의 온도가 올라가고 뜨거워지면 수소가 핵융합 반응을 일으키며 새로운 별이 탄생한다. 별이 다시 탄생하는 과정에서 주변 물질들은 생성되는 별의 주위를 돌며 돌과 가스 덩어리의 행성을 만든다. 그곳에 산과 바다가 생겨나고 지구가 그랬듯이 생명이 발생해 인류처럼 자신의 운명을 짚어 보고 우주과학을 발전시킬 존재도 나타날 수 있다.

따라서 수학적으로 계산하면, 단순히 생명체가 살 수 있는 행성만이 아니라 태양계와 은하까지 닮은 우주도 있을 수 있다. 시공간이 무한하다면 무수히 많은 우주에서 똑같은 일이 반복될 수도 있다. 원자와 분자의 한정적인 배열이 반복될 수밖에 없기에 우리와 비슷한 생명체는 물론, 똑같은 존재를 만들어낼 수 있다는 것이다. 바로 그 지점에서 '평행우주(parallel universe)이론'이 등장한다.

또 다른 우주에 지구가 있고 사물에서 사람까지 모두 똑같은 상황이 가능하다는 가설이다. 평행이론은 지금 당신의 인생이 다중우주 어딘가에서 똑같이 펼쳐질 수 있다고 주장한다. 서로 다르게 전개되고 있는 여러 우주가 다중우주(multiverse)라면, 다중우주 가운데 동시에 일어날 수 있는 가능성을 지닌 우주가 평행우주다.

평행이론은 빅뱅이론은 물론, 다중우주론과 달리 우주과학에서 보편적으로 받아들여지지 않고 있다. 하지만 처음 등장할 때 '미친 생각'으로 여겼던 평행이론의 위상은 나날이 달라지고 있다.

물론, 평행이론이 실제와 부합하는지 확인할 길은 가까운 시일 안에 없다. 확인하더라도 문제는 남는다. 나와 똑같은 존재가 있다고 하더라도 그와 나 사이에 교감은 없을 뿐더러 내가 그렇듯이 그 또한 죽음의 운명을 피할 수 없기 때문이다. 따라서 '이 모든 게 다

무엇이란 말인가'라는 질문을 던질 수 있다.

빅뱅이론과 다중우주론, 평행이론은 우주의 신비를 한 꺼풀씩 벗기는 성과를 거뒀다. 우주에 대한 최선의 지식을 앎으로써, 곧 교양을 갖춤으로써, 우리는 값싼 허무주의에서 벗어날 수 있고, 우주 속의 존재로서 자신을 새롭게 발견할 수 있다.

그런데 인간은 홀로 우주에 존재하지 않는다. 아니 못한다. 모든 인간은 사회 속에 존재하고 있으며 자기 개인을 뛰어넘은 도도한 흐름의 끝자락에 있다. 역사가 그것이다.

인류의 진화, 역사를 보는 틀
사람이 만들어 가는 역사와 사회
역사의 진보, 평등의 진전

2과

역사

우리는 역사의 관찰자이기 전에 우선 역사적 존재이다.

철학자 빌헬름 딜타이

인류의 진화,
역사를 보는 틀

인류가 지구의 다른 동물과 달리 별을 보며 사색하고 삶을 성찰하는 존재에 이르기까지 장구한 시간이 필요했다. 인류가 걸어온 기나긴 길을 톺아보는 일은 인간의 기원과 맞닿아 있다. 인류의 기원은 현재까지의 과학적 연구 성과로는 700만 년 전으로 거슬러 올라간다.

인류와 침팬지의 '마지막 공통 조상'(LCA; Last Common Ancestor)에서 '분화'가 일어난 시점이 700만 년 전이다. 그 이전의 기나긴 시간에 인류는 침팬지와 말 그대로 '하나'였다. 분자생물학의 성과에 따르면 인류와 침팬지 사이의 유전 정보 차이는 1.6퍼센트이다. 인류가 침팬지와 98.4퍼센트를 유전적으로 공유한다는 과학적 사실은 인간의 자존감을 뒤흔들며 허탈감마저 주었다.

실제로 2012년 독일 법의학자들이 복원한 '인류 조상 얼굴'들의 변천사를 짚어 보면 700만 년을 지나 우리가 어떻게 여기까지 왔는가를 짐작할 수 있다. 인류가 침팬지와 갈라지고 그로부터 500만 년이 흐른 뒤 오스트랄로피테쿠스를 거쳐 200만 년 남짓 흐른 뒤 네안데르탈인에 이르렀다.

그런데 인류의 시간, 700만 년은 채 100년을 살지 못하는 인간의 생애에 견주면 실감하기 어려운 시간이지만, 빅뱅 우주의 역사 138억 년과 견주면 너무나 짧은 시간이다. 굳이 비율로 표기하면 0.0005의 순간에 지나지 않는다. 물론 인간의 삶은 0.000000007로 더 짧다.

최초의 인류

•• 침팬지와 갈라져서 걸어온 700만 년의 과거가 바로 인류가 걸어온 길, 역사다. 인류의 역사를 짚어 볼 때, 가장 큰 시대적 구분은 선사시대와 역사시대다. 선사시대(Prehistoric Age)는 문자 그대로 역사 이전의 시대다. 선사시대 또한 인류의 역사이지만 '역사 이전'이라 함은 '기록된 역사'가 없기 때문이다.

문자로 쓰여 있는 기록(문헌자료)으로 알 수 있는 과거와 문자로 기록되지 않은 선사시대를 살펴보는 방법은 다를 수밖에 없다. 역사시대를 걸어온 인간의 길은 기록된 문자에 근거해 톺아볼 수 있지만, 선사시대 인류의 과거는 기록이 없어 확실성이 크게 부족할 수밖에 없다. 유물과 유적에 의존해 연구하지만 거기에도 한계는 또 렷하다. 어떤 유물도 유적도 남아 있지 않은 시대, 짙은 어둠에 잠겨 캄캄한 시간이 대부분이기 때문이다. 역사학과 고고학 또는 인류학, 더 나아가 생물학이 갈라지는 경계이기도 하다.

현재까지 발견된 가장 오래된 '인류'의 화석은 400~500만 년 전 아프리카에서 살았던 '사람'이다. 유인원과 현생인류의 중간 형태로, 화석이 발견된 초기에는 인류로 인정받지 못했다. '아프리카 남쪽의 원숭이'라는 뜻인 '오스트랄로피테쿠스(Australopithecus)'로 이름붙인 까닭이다. 그런데 '그 또는 그녀'가 뒤뚱뒤뚱 두 발로 걸을 수 있었고 송곳니도 원숭이와 달리 작고 덜 날카로웠던 사실이 밝혀지면서 '최초의 인류'로 평가받기 시작했다. 불완전하지만 직립함으로써 팔과 손이 훨씬 자유로워진 것은 큰 진전임에 틀림없다.

그다음 시기의 화석도 발견됐다. 화석으로 미루어 오스트랄로피테쿠스보다 뇌의 크기가 크고 사물을 손에 꽉 쥘 수 있었던 존재였다. 돌이나 동물의 뼈로 간단한 도구를 만들었기에 '호모 하빌리스(Homo habilis)'로 명명했다. 하빌리스는 '손재주'라는 뜻으로 도구를 사용한 사실을 부각한 이름이다. 호모 하빌리스는 도구를 사용했고 나뭇잎과 나뭇가지, 돌들로 집을 지을 수 있었다.

하빌리스 뇌의 용량은 500~700밀리리터로 오스트랄로피테쿠스보다 30퍼센트 정도 크다. 물론, 우리의 직계조상인 현생인류와 견주면 절반도 안 되지만, 하빌리스의 두개골을 연구한 결과 해부학적으로나 신경학적으로 언어 능력을 지니고 있었음이 드러났다. 언어 형성에 중요한 구실을 하는 부위를 확인한 과학자들은 오스트랄로 피테쿠스보다 더 명확한 발성으로 간단한 정보를 전달할 수 있었다고 분석한다. 물론 오늘날 인류의 언어 수준은 결코 아니지만, 위대한 진화의 첫 발을 내디딘 셈이다.

다시 200만 년이 흘렀다. 180~200만 년 전에 우리와 거의 비슷하게 곧추선 자세로 걸어가는 '호모 에렉투스(Homo erectus)'가 등장했다. 두 발로 섰지만 똑바로 걷지 못했던 이전 인류에 비해 곧은 자세로 돌아다녔고 주먹도끼(손도끼)를 비롯해 사용하는 도구도 늘어났으며, 하빌리스가 지녔던 언어 능력을 한층 발전시켰다.

무엇보다 불을 쓸 줄 알았다. 불을 이용함으로써 인류는 맹수로부터 자신을 방어하는 데 획기적 진전을 이루었고 추위를 이겨낼 수 있었다. 고기를 구워 먹으면서 이도 작아졌다. 아프리카를 벗어나 아시아와 유럽으로 생활 영역이 넓어졌다. 불을 사용할 수 있기에 추운 곳까지 진출할 수 있었다. 자바원인, 베이징원인, 하이델베르크인이 그들이다. 뇌 용량은 850~1,200밀리리터로 커졌다.

뇌가 점점 커지는 이유에 대해 두 가지 요인을 들 수 있다. 직립하면서 다른 동물과 달리 척추가 뇌를 떠받칠 수 있었기에 뇌의 크기가 커질 수 있었다. 불의 발견 또한 뇌가 커지는 원인이 되었다. 먹을 것을 불에 익혀 부드러워지자 기나긴 세월 질긴 고기 따위를 먹느라 뇌 둘레를 고무줄처럼 죄어 왔던 얼굴 근육이 시나브로 줄어

_____ 어른의 교양

호모 하빌리스

호모 에렉투스

네안데르탈인

오스트랄로피테쿠스

인류의 진화

인류는 침팬지와 갈라져서 500만 년 뒤 최초의 인류 오스트랄로피테쿠스가 등장한다. 200만 년 뒤 오스트랄로피테쿠스 이후에 간단한 도구를 만들어 사용한 호모 하빌리스가 등장하고, 그로부터 약 200만 년 뒤 호모 에렉투스가 등장한다. 호모 에렉투스는 불을 쓸 수 있다는 점이 특징적이다. 호모 사피엔스의 일종인 네안데르탈인은 사냥 기술이 뛰어나고 가족을 이루어 살았으나 현생인류와 달리 멸종하고 말았다. (출처 : 호모 하빌리스 CC BY-SA 3.0 호모 에렉투스 CC BY-SA 2.0 네안데르탈인 CC BY-SA 2.0)

들었다. 그 때문에 뇌가 서서히 커질 수 있었다.

150만 년이 더 흘렀다. 지금으로부터 40만 년 전에 이르러 호모 사피엔스(Homo sapiens, 슬기로운 사람)가 등장했다. 호모 사피엔스는 동물의 가죽을 벗겨내 옷을 만들어 입었고, 동굴에 거주하며 나무와 돌로 돌칼, 돌송곳, 돌창을 비롯해 사뭇 정교한 도구를 만들었다.

무엇보다 죽은 사람을 매장하며 장례를 치렀다. 더러는 시신에 채색을 했다. 과거의 '인류'와 달리 죽음을 의식했다는 뜻이다. 빙하 지역까지 생활 무대를 넓힌 그들의 뇌 용량은 1,200~1,900밀리리터까지 이르러 현생인류(평균 1,400밀리리터)와 같거나 더 컸다. 1859년 독일의 한 계곡에서 발견되어 그 지명 이름을 딴 네안데르탈인도 호모 사피엔스의 일종, 또는 아류로 추정된다. 네안데르탈인은 시신을 매장할 때 꽃으로 장식하고 부장품을 묻어 주었다.

인류의 진화와 역사시대의 시작

•• 선사시대의 캄캄한 어둠 속에서 인류의 뿌리를 찾는 과정에서 네안데르탈인의 운명은 학자들의 눈길을 끌었다. 신체적 조건이 현생인류보다 결코 뒤지지 않았고 뇌의 부피가 더 크거나 최소한 비슷했던 그들이 멸종했기 때문이다. 네안데르탈인은 사냥 기술도 뛰어나 사슴이나 말은 물론 멧돼지, 들소, 코뿔소, 심지어 매머드까지 잡아먹은 흔적이 있다.

4만 년 전에 등장한 우리의 직계조상인 현생인류, 학명 '호모 사피엔스 사피엔스(Homo sapiens sapiens, 참 슬기로운 사람)'는 네안데르탈인과 긴 시간 지상에서 공존하며 경쟁했다.

인류학계의 최근 성과에 따르면, 두 '인류'의 운명을 가른 것은 가족의 범위였다. 네안데르탈인들은 20~30명씩 가족을 이뤄 살았는데, 다른 집단과 소통이 없었다. 네안데르탈인에게는 직계 가족만 중요했고 그 외는 모두 적이었으며 심지어 먹잇감이었다.

2010년 바르셀로나의 진화생물학연구소가 아스투리아스 지역의 동굴에서 발견한 네안데르탈인 가족 6명의 뼈를 연구한 결과, 그들이 다른 네안데르탈인으로부터 살해당한 사실이 드러났다. 두개골과 턱을 비롯한 많은 뼈에 네안데르탈인이 이들을 먹었다는 증거가 또렷하게 남아 있었다.

크로아티아의 동굴에서 발견된 네안데르탈인 유골도 눈길을 모았다. 13만 년 전에 살았던 70명의 네안데르탈인 유골에서 치아의 마모 상태를 조사한 결과 30세 이상은 한 명도 없었다. 768구의 현생인류의 조상 유골을 대상으로 한 또 다른 연구 결과와 차이가 크다. 두 인류 사이에 '젊은 성인'(15~30세)과 '나이 든 성인'(30세 이후)의 비율 차이는 확연하다. 현생인류는 네안데르탈인에 비해 30세 이후의 나이 든 성인의 비율이 5배나 높았다.

네안데르탈인과 달리 현생인류는 할아버지와 할머니가 가족의 구성원이 되어 손자들을 돌보면서 가족을 번창시켰고, 직계 가족을 넘어 마을 단위의 사회를 만들어 나갔다. 함께 모여 사는 범위가 가족을 넘어 확대됨으로써 분업이 이뤄졌고, 인류는 양적으로나 질적으로 모두 놀랄 만한 발전을 했다. 맹수를 사냥하는 사람, 무기와 도구를 만드는 사람, 어린이를 키우는 여자들로 일을 나누었다. 그 결과 먹잇감을 더 체계적이고 효율적으로 확보할 수 있었던 현생인류는 개체 수가 빠르게 늘어났다.

아프리카 남동부에서 탄생한 인류는 유럽으로 간 백인계와 아시아로 간 황인계, 아프리카에 남은 흑인계로 나뉜다. 1868년 프랑스 남부 크로마뇽 지역에서 화석으로 발견된 '크로마뇽인'은 지금의 북부 유럽인과 외모가 비슷하다. 그들이 남긴 동굴벽화에서 우리는 인류 직계 조상의 예술적 감각을 느낄 수 있다.

인류는 1만 년 전에 목축과 농업을 시작하며 문화 발전의 속도를 높였다. 물론, 그 '속도'는 21세기 정보혁명시대와 비교할 수 없을 만큼 느렸지만, 적어도 인류가 걸어온 '캄캄한 과거'와 견주면 '급속도의 발전'이었다.

인류가 선사시대에 마침표를 찍고 역사시대를 연 시점은 5,000년 전이다. 기원전 3000년, 지금의 중동 지역에서 수메르 문명과 함께 인류 최초의 문자가 나타났다. 중국은 기원전 1750년대에 상(商)나라, 영국은 로마의 카이사르가 침입한 전후 시기인 기원전 56년에 역사시대로 들어섰다.

선사시대와 달리 문자시대에 들어서서 기록으로 남긴 역사를 본다고 해서 우리가 당대의 진실을 있는 그대로 파악할 수 있는 것은

어른의 교양

아니다. 우리가 역사라고 할 때 두 가지 개념을 구분해야 한다. 실제 인류가 걸어온 모든 시간으로서의 역사와 기록으로서의 역사가 그 것이다.

인류가 걸어온 길에서 기록되지 않은 역사시대의 과거는 선사시대의 그것만큼은 아니지만 캄캄하긴 마찬가지다. 모든 것을 기록하는 것은 아닐뿐더러 물리적으로도 불가능하기 때문이다.

더구나 기록으로 남은 역사 또한 그것을 쓴 사람들의 시각으로 본 '사실'들일 뿐 있는 그대로의 사실은 아니다. 역사시대의 역사를 바라볼 때 사관이 중요한 이유가 여기 있다.

식민사관의 모순

•• 인류는 동양이든 서양이든 역사를 왕조 중심, 곧 지배세력 중심으로 보는 데 익숙하다. 오랜 세월에 걸쳐 세계사에서 출몰한 여러 왕조들 가운데 '정복'이라는 이름의 침략을 많이 한 왕들을 '영웅'으로 칭송해 왔다. 가령 1970년대까지 한국의 초중등 교실에서 학생들은 '국사'를 배우며 조선 왕조 왕들의 이름을 순서대로 암기했다. 기성세대 대다수가 "태정태세 문단세"로 시작하는 조선 왕의 이름을 아직도 기억하고 있다. 왕들의 이름을 순서대로 옳게 배열했는지를 묻는 시험도 출제됐다.

하지만 왕조 중심으로 역사를 바라보는 시각은 낡은 사관이 되었다. 역사를 한 사회의 대다수인 민중 중심으로 바라보는 큰 흐름이 형성되었다. 그에 따라 국사 교과서에도 더는 '동학 난'으로 표기하지 않는다. '동학 혁명'이나 '동학농민전쟁' 또는 '갑오농민전쟁'으로 기록한다.

역사를 어떤 시각이나 관점에서 볼 것인가의 문제가 얼마나 중요한가를 가장 실감할 수 있는 사례는 제국주의자들의 식민사관이다. 일본 제국주의가 조선을 식민지로 지배하는 정당성과 효율성을 위해 학문적으로 고안해 낸 역사관을 짚어 보자. 19세기 말에 이미 도쿄제국대학의 학자들은 일본의 신라정복설과 임나일본부설(任那日本府說), 조선 역사를 만주에 종속된 것으로 보는 만선사(滿鮮史) 이론, 당시의 조선 경제를 일본 고대의 촌락 경제 수준으로 보는 이론을 내세웠다. 20세기에 들어서서 조선을 본격적으로 침략한 일본 제국주의는 정체성과 타율성의 식민사관을 '정립'했다.

정체성론은 조선이 역사적 발전을 이루지 못하고 정체되어 있었다는 주장으로 20세기 초의 조선 사회가 10세기 말 고대 일본의 수준과 비슷하다고 강변했다. 정체성론은 사회·경제적으로 뒤떨어진 조선을 근대화하기 위해 일본이 나서야 한다는 침략 미화론으로 나타났다. 바로 그 점에서 정체성론은 타율성론으로 이어진다.

조선은 역사를 자기의 힘으로 전개해 오지 못했다는 주장이 타율성론이다. 조선은 언제나 중국이나 몽골, 만주, 일본과 같은 주변 외세의 간섭과 힘에 좌우되어 왔다는 논리이다. 조선의 역사는 형성에서부터 중국의 식민지 지배에서 출발했다며 조선 민족과 역사 전개과정의 자율성을 전면 부정했다. 타율성을 부각한 연장선에서 잘못된 민족성의 근거로 파벌성을 들었다. 조선이 정체되고 타율적인 이유는 잘못된 민족성 탓인데 자신의 이익을 위해 파벌을 만들어 싸웠기 때문이라며 조선 왕조 시대의 당쟁과 사화를 '증거'로 제시했다.

특히 1919년 3·1운동에서 조선 민중의 역동성에 충격 받은 일본제국주의자들은 식민 지배를 영구화하기 위해 식민사관을 체계적으로 주입해 갔다. 1922년 조선사편찬위원회, 1925년 조선사편수회를 설립해 식민사관에 입각한 『조선사』 37권을 1937년에 발간했다. 식민사관은 우리 민족이 열등의식과 무력감에 사로잡히는 심리적 근거가 되었다.

식민사관은 광복 이후 주체적 역사 연구와 교육으로 대부분 극복되었다고 하지만 여전히 일상에 깊이 뿌리내려 있다. "우리는 내내 파벌 싸움만 하다가 망했다"거나 "조선 민족은 서로 헐뜯고 분열하며 단결할 줄 모른다"는 말, "한국 문화는 모두 외부에서 들어온 것일 뿐 독창적인 것이 없다"는 주장은 지금도 쉽게 우리 젊은 세대의 입에서 나온다. 김치녀와 한남, 맘충과 개저씨 따위의 자학도 어쩌면 식민사관의 썩은 나무에서 돋아난 독버섯일 가능성이 있다.

더러는 사실을 사실대로 보자며 자신이 식민사관에 매몰되어 있는지조차 모르는 사람들도 적지 않다. 단언하거니와 역사에 교양이 없어서다.

찬찬히 짚어 보자. 일본 제국주의자들이 증거로 제시한 조선의 당쟁은 왕조 시대의 양반 계급 내부에서 일어난 문제였을 뿐이다. 귀족들 사이에 대립과 싸움은 동서고금의 모든 사회에서 일어났다. 더구나 조선 왕조의 붕당정치는 여러 상소문들에서 나타나듯이 공개적 정치 투쟁이었기에 정치 발전에 매개 구실도 했다. 게다가 무엇보다 양반계급의 질서에 맞선, 아래로부터 민중의 투쟁이 끊임없이 이어졌다는 사실에 주목해야 옳다. 보수적인 역사학자들조차 19세기를 '민란의 세기'라고 규정할 만큼 조선 민중의 삶은 역동적이었다.

조선 문화는 불교와 유교가 그렇듯이 모두 외부에서 들어와 독창적인 것이 없다는 주장도 식민사관의 모방론이다. 하지만 특정 민족의 순수한 고유문화를 찾는다는 발상부터 문화에 대한 문외한임을 스스로 고백하는 일이다. 이를테면 불교를 창시한 붓다의 고국은 사라진 지 오래다. 인도 인구의 절대다수는 힌두교다. 공자와 노자에서 비롯한 중국 문화 또한 한족과 이민족 사이의 소통과 융합으로 이뤄졌다.

오늘날 유럽과 미국의 주류 종교는 기독교다. 가톨릭이든 개신교든 뿌리는 중동이다. 누가 오늘의 프랑스, 독일, 영국, 미국의 문화에 독창성이 없다고 말하는가. 그들이 모두 모방적 민족인가? 유럽 나라들의 차이보다 동아시아 나라들의 문화적 차이가 크다.

더러 젊은 세대로부터 한국 문화에 독창성이 없다며 비하를 서슴지 않는 말을 들을 때가 있다. 한국 문화를 얼마나 탐색하고 그런 판단을 하는지 물어보면 얼버무리기만 한다. 제국주의자들이 '권위'를 갖고 체계적으로 심어 놓은 식민사관이 얼마나 깊고 넓게 뿌리내려 있는가를 확인할 수 있다. 그것은 아무리 뽑아도 또 자라는 잡초처럼 무성하게 자라나고 있다.

타율성 또한 근거가 없다. 중국의 요나라, 금나라, 원나라, 청나라는 한족을 지배한 정복왕조다. 일본은 섬나라로서 지리적 특성을 지녔을 따름이다.

역사를 바라보는 틀

•• 일제의 식민사관에서 우리는 역사를 어떤 틀로 보느냐가 얼마나 중요한지 절감할 수 있다. 식민사관은 역사를 왕조 중심, 곧 지배 세력 중심으로 보아온 오랜 관습의 하나다. 조선 말기의 무능하고 부패한 왕족과 양반 계급에 국한해 우리 역사를 '수박겉핥기'로 살핀다면, 혹 정체성과 타율성론이 적실하게 보일 수도 있다. 하지만 역사를 왕조 중심으로 보는 사관은 역사학계 안팎에서 낡은 시각으로 사실상 폐기되었다.

역사를 왕의 족보와 그들의 '치적'으로 이해한다면 인류의 역사에 큰 영향을 끼친 농업혁명은 물론, 산업혁명과 시민혁명을 설명할 수 없다. 프랑스의 절대군주 루이 16세와 그의 왕비를 단두대에 올린 사건을 왕조 중심의 사관으로 이해할 수 있을까. 왜 왕과 왕비가 단두대의 이슬로 사라졌는지 그 사관으로는 설명할 수 없다.

그렇다면 역사를 어떻게 이해해야 옳을까. 기실 인류는 오래전부터 삶과 그 '집적물'인 역사를 사유해 왔다. 수많은 철학자들이 삶과 역사란 무엇인가를 탐색했다. 딱히 철학자만이 아니다.

무릇 모든 인간은 역사에 대해 나름의 안목, 역사를 바라보는 틀을 누구나 갖추고 있다. 그 틀은 개개인이 살아가는 삶의 자세와 이어져 있다.

사람이 만들어 가는
역사와 사회

역사란 무엇인가. 그 물음에 답한 역사학계의 고전적 명제가 있다. 에드워드 카의 명쾌한 정의, 곧 "과거와 현재의 대화"다. 현재의 문제의식으로 끊임없이 과거를 재해석해 기록한 것이 역사라는 뜻이다. 과거에 중시하지 않았던 역사적 사실을 지금 우리가 중시하듯이, 오늘 중시하지 않았던 사실들이 미래에는 부각되어 서술될 수 있다.

많은 사람들이 역사는 과거와 현재의 대화라는 정의를 알고 있지만 카는 한 걸음 더 나아갔다. "그(과거와 현재의) 대화는 추상적인 개인들 사이의 대화가 아니라 오늘날의 사회와 지난날의 사회와의 대화"라고 강조했다.

기실 문자로 기록된 역사시대의 인간이 그렇듯이 사람은 출발부터 고립된 존재가 아니었다. 사람과 사회는 떼려야 뗄 수 없는 관계이다. 사람 없는 사회는 생각할 수 없고, 사회 없는 사람도 비현실적이다. 사람은 사회 속에서 비로소 인간이 되었다. 사람의 역사 또한 사회적 존재로서의 역사다. 사회적 전개과정이 곧 역사인 셈이다.

사람과 사회의 관계

•• 사회가 전개되는 역사적 과정은 사회를 구성하고 있는 사람들이 당대의 사회 질서, 곧 객체적 현실을 어떻게 바라보느냐와 주체적 의지에 따라 다양한 양상으로 나타난다. 주체로서 사람과 객체로서 사회 사이의 관계는 〈표1〉처럼 네 범주로 나눌 수 있다.

첫째, 순응 관계다. 사회라는 객체적 현실을 고정불변으로 보되 주체적 의지는 소극적인 범주다. 우리가 현실로 살고 있는 사회 질서가 변함없이 지금 이대로 지속된다고 보는 사람들은 그 질서에 순응하며 살아가게 마련이다. 객체적 현실이 고정불변이니 소극적인 사람은 변함없는 현실의 질서를 따르며 순응할 수밖에 없다.

둘째, 적응 관계다. 사회 현실을 고정불변으로 본다는 점에선 첫째와 같지만 단순히 순응하지 않고 질서에 적응하며 적극적으로 자신의 사회적 삶을 펼쳐 간다. 순응과 적응의 차이가 모호하게 다가올 수 있지만 국어사전적 의미를 보더라도 차이가 뚜렷하다. 순응은 "환경이나 변화에 익숙하여지거나 체계, 명령 따위에 따름"이고, 적응은 "일정한 조건이나 환경 따위에 맞추어 응하거나 알맞게 됨"이다.

표1_ 사람과 사회의 관계형성 범주

사회 현실 주체 의지	고정불변	변화
소극적	순응	관조
적극적	적응	실천

셋째, 관조 관계다. 사회 현실은 변화한다고 생각하지만 그 변화하는 흐름에 발을 들여놓기를 꺼린다. 변화의 흐름을 관조하는 사람들은 현실로부터 언제나 한 발 물러서서 조용히 자신의 개인적 삶을 추구하거나 사회 현실을 지켜보게 된다.

넷째, 실천 관계다. 사회 현실이 변화한다고 보는 점에서 셋째와 같다. 그런데 관조하지 않고 변화에 적극 뛰어든다. 변화하는 현실에 들어가 변화해가는 흐름이나 방향에 참여하고 실천하는 자세다.

사람이 사회와 '관계 맺기'를 하는 네 범주는 각각 '순응형', '적응형', '관조형', '실천형'으로 간추릴 수 있다. 사회 속에서 살아가는 모든 사람은 네 범주 가운데 하나로 살아간다는 뜻이다.

사람과 사회의 관계 형성 범주는 임의로 고안한 것이 아니다. 고전이 된 두 사상가의 논리에 근거했다. 먼저 조선 왕조 시대의 대표적 지식인이자 소설가인 허균의 「호민론」이다. 허균은 「호민론」에서 "천하에 두려워해야 할 바는 오직 백성일 뿐이다. 홍수나 화재, 호랑이, 표범보다도 훨씬 더 백성을 두려워해야 하는데, 윗자리에 있는 사람이 항상 업신여기며 모질게 부려먹음은 도대체 어떤 이유인가?"를 묻고 '백성'을 세 범주로 나눈다.

항민(恒民)은 "대저 이루어진 것만을 함께 즐거워하느라, 항상 눈앞의 일들에 얽매이고, 그냥 따라서 법이나 지키면서 윗사람에게 부림을 당하는 사람들"이다. 원민(怨民)은 "모질게 빼앗겨서, 살이 벗겨지고 뼈골이 부서지며, 집안의 수입과 땅의 소출을 다 바쳐서, 한없는 요구를 제공하느라 시름하고 탄식하면서 그들의 윗사람을 탓하는 사람들"이다. 허균은 항민도 원민도 결코 두렵지 않다며 호민을 말한다. 호민(豪民)은 "자취를 푸줏간 속에 숨기고 몰래 딴 마음을 품고서, 천지간(天地間)을 흘겨보다가 혹시 시대적인 변고라도 있다면 자기의 소원을 실현하고 싶어 하는 사람들"이다. 허균은 호민을 소설 『홍길동전』에서 구체적으로 형상화했다.

여기서 항민은 '현실 불변 – 순응형', 원민은 '현실 변화 – 관조형', 호민은 '현실 변화 – 실천형'으로 볼 수 있다. 지배계급이 아닌 백성을 나눈 분류이기에 '현실 불변 – 적응형'이 빠졌지만, 당대의 사회에서 그런 유형의 삶이 없는 것은 아니다. 평민이면서도 부를 축적하거나 관리들과 결탁한 사람들, 입신양명을 꿈꾼 무수한 사람들이 '현실 불변 – 적응형'이다.

또 다른 근거는 세계사적으로 사회과학의 기틀을 세운 사상가의 글이다. 바로 마르크스의 「포이에르바하에 관한 테제」이다. 마르크스는 테제 1에서 "지금까지 대상, 현실, 감성이 단지 '객체' 또는 '관조'의 형식으로만 파악되고, '감성적인 인간 활동, 곧 실천'으로서,

주체적으로 파악되지 못했다"고 강조했다. 테제 1은 '혁명적'의 의미를 '실천적·비판적' 의미로 병렬해서 썼다. 여기서 사회 현실을 '단순한 객체'로 보는 삶, '관조'로 보는 삶, '실천'으로 보는 삶을 추출할 수 있다.

네 범주를 살펴보았지만 그것이 각각 칸막이가 쳐져 고정되어 있는 것은 아니다. 역동적이다. 허균도 호민이 "나라의 허술한 틈을 엿보고 일의 형세가 편승할 만한가를 노리다가, 팔을 휘두르며 밭두렁 위에서 한 차례 소리 지르면, 저들 원민이란 자들이 소리만 듣고도 모여들어 모의하지 않고도 함께 외쳐대기 마련이다. 저들 항민이란 자들도 역시 살아갈 길을 찾느라 호미, 고무래, 창자루를 들고 따라와서 무도한 놈들을 쳐 죽이지 않을 수 없는 것"이라고 보았다.

긍정태와 부정태

•• 인간과 사회의 관계 형성을 역동적으로 진단할 수 있도록 긍정태와 부정태로 구분하면 〈표2〉처럼 8가지 자세를 도출할 수 있다.

〈표2〉에서 볼 수 있듯이 사람이 사회를 어떻게 바라보고 관계 맺느냐에 따라 적응, 순응, 관조, 실천 네 가지 범주가 있고, 각각의 범주가 발현되는 양상은 긍정태와 부정태로 구분할 수 있다. 그렇게 나누는 까닭은 부정적이고 병리적 태도를 탐색해 삶의 건강한 자세로 치유하기 위함이다.

'적응' 범주로 자신의 사회적 삶을 걸어가는 사람은 부귀를 추구

표2_ 사회적 관계의 긍정태와 부정태

구분 \ 범주	적응	순응	관조	실천
긍정태	자선	평안	초연	창조
부정태	탐학	굴종	방관	독선

하거나 누릴 수 있다. 부귀를 누리며 자선을 행하는 모습은 긍정적
이다. 하지만 부정태가 있다. 적응이 병리적일 때 탐학이 된다. 부귀
를 누리는 일은 자칫 탐학으로 떨어질 수 있기에 긴장이 필요하다.

'순응' 범주로 삶과 인간관계를 운영하는 사람은 안정을 추구하
거나 누릴 수 있다. 긍정태는 평안이다. 하지만 순응이 지나치면 굴
종에 이르러 병리적이다. 평안과 굴종의 경계는 칼로 두부 자르듯이
나눌 수 없다.

'관조' 범주로 삶과 인간관계를 운영하는 사람은 무슨 일이 일어
나든 얽매임 없이 사뭇 초연하게 살아갈 수 있다. 하지만 관조가 지
나쳐 방관에 이르면 부도덕한 병리적 징후로 나타날 수 있다. 초연
과 방관의 경계도 백지 한 장 차이일 수 있어 '떨림'이 필요하다.

'실천' 범주로 사회적 삶을 살아가는 사람은 새로운 사회와 질서
를 창조해 내는 성과를 거둘 수 있다. 그런데 기존 사회질서에서 이
익이나 권세, 명예를 누리고 있는 사람들로부터 억압이나 탄압을 받
을 수 있다. 하지만 실천적 자세를 지닌 사람은 그 고난까지 적극 받
아들인다. 물론, 실천에도 병리적 징후는 나타난다. 자신만이 옳다

거나 신념을 절대화하는 독선이 그것이다.

개개인이 세상을 살아가는 다채로운 자세를 네 가지 범주로 간추려 짚어 보았다. 여기서 자신은 네 범주 가운데 어떤 삶의 자세로 살아가고 있는지 냉철하게 살필 필요가 있다.

네 가지 틀은 사람이 사회에서 어떤 자세를 지니며 살아가는지, 앞으로 미래는 어떻게 만들어 갈 것인지를 결정한다고 볼 수 있다. 여기서 자신의 삶의 자세가 어떤 범주인지를 추상적으로 판단할 일은 결코 아니다. 주관적 머릿속 생각이나 판단이 아니라 실제 삶에서 자신이 지금까지 살아온 행동에 근거해 냉정하게 분석해야 한다.

만일 사람이 자기가 생각하는 대로만 행동해 나간다면 세상은 오래전에 달라졌을 터다. 하지만 생각과 행동은 꼭 일치하지 않는다. 현실은 변한다고 생각하면서도 실제로 살아가는 삶의 모습은 현실을 고정불변으로 여기며 '처세'하는 사람들이 우리 주변에 적지 않다. 삶을 살아가는 네 가지 태도 가운데 어떤 게 가장 바람직한지에 대한 절대적 가치 기준은 없을지도 모른다.

가령 우주적 질서로 판단한다면, 현실은 고정불변이라 생각하기 십상이다. 실제로 해와 달은 우리 시대의 모든 생명이 사라질 때까지 고정불변으로 남아 있을 게 분명하다. 하다못해 우리 주변의 산과 시내도 의구해 보인다.

하지만 우리가 앞에서 이미 짚어 보았듯이, 우주적 질서가 고정불변이라는 판단은 섣부르고 비과학적이다. 천문학은 인간에게 영원의 상징으로 꼽히는 별조차 탄생기와 성장기, 장년기에 이어 노년기가 있음을 가르쳐 준다. 밤하늘에 반짝이는 모든 별들은 끝없이 움직이면서 죽음의 길로 걸어가고 있다. 우리의 별, 태양도 마찬가지다. 해(태양이라는 별)는 사람 나이로 치면 이미 중년기다. 언젠가는 죽음에 이르러 산산이 부서지며 흩어질 게 틀림없다. 물론, 그것 때문에 걱정할 필요는 전혀 없다. 수십억 년 뒤이기에, 우리로선 의미가 없다고 해도 지나친 말이 아니다. 다만 우주적 현실도 고정불변의 질서는 아니라고 단언할 수 있다.

우주적 현실이 그러할진대 역사적 현실은 더 말할 나위가 없다. 사람이 만들어 가는 역사나 사회의 모습은 언제나 변하고 있다.

역사의 진보,
평등의 진전

세상이 변한다는 데 동의하더라도 역사를 톺아보며 인류가 과연 진보하고 있는지 의문을 던지는 사상가들은 끊임없이 나타났다. 대표적인 철학자가 세상의 본질을 '맹목적 의지'로 본 쇼펜하우어다. 그는 "역사가 말해 주는 것은 사실상 인류의 길고 무겁고 혼란스러운 꿈일 뿐"이라고 말했다.

쇼펜하우어가 유럽을 지배했던 진보와 해방 개념을 비웃었을 때는 19세기였지만, 21세기 정치경제학자 존 그레이도 인간이 지구에 등장한 이래 끝없이 진화해 왔고, 지적으로 더 고등한 상태로 나아가는 중이며, 진화할수록 사고 체계도 정교해져 더 나은 인류가 될 것이라는 막연한 믿음들을 갖고 있다고 꼬집었다.

그레이는 인류가 야만의 시대에서 문명의 시대로 진화해 왔다는 믿음은 착각이라며 과거가 '야만사회'였고, 지금은 '문명사회'라는 사고 자체가 잘못됐다고 주장한다. 문명과 야만은 다른 종류의 사회가 아니고, 인간이 얽혀 살아가는 어디에서나 동시에 나타나는 사회 형태라는 것이다.

쇼펜하우어나 그레이의 주장에 공감하는 이들도 적지 않을 성싶다. 불멸의 존재가 아닌 인간에겐 비관주의나 적어도 회의주의가 더 정직한 자세일지도 모른다.[3]

하지만 그런 판단을 하더라도 꼭 짚어야 할 지점이 있다. 그것은 우리가 역사란 무엇인가를 물으며 추상적 개인이 아니라 구체적 인간, 곧 사회 속의 인간으로 살펴본 이유이기도 하다.

아래로부터의 저항

•• 역사를 돌아보면 현생인류가 석기, 청동기, 철기로 도구를 발달시켜 가는 과정에서 대가족들 사이에 빈부 차이가 생겨났다. 빈부 격차가 벌어지면서 씨족의 유대가 느슨해졌고, 혈연 사회를 넘어 함께 살고 있는 지역을 단위로 사회를 형성해 갔다. 이어 지역 사회마다 부의 분배권을 쥔 권력자가 나타났다.

결국 역사시대로 들어선 인류는 경제적으로 재산을 소유한 자와 소유하지 못한 자, 정치적으로는 지배자와 피지배자로 분리되어 '계급 사회'를 맞이했다. 그리고 왕을 정점으로 한 신분제 사회가 수천 년 동안 이어졌다.

_____ 어른의 교양

우리가 살고 있는 근대사회와 구분해 기나긴 왕들의 시대를 '전근대사회'라 부르거나 지주 사회, 또는 중세 사회라고도 한다. 어떤 이름으로 부르든 그 사회와 근대사회의 확연하고 결정적 차이는 신분제다. 근대사회에서 살고 있는 사람들은 적어도 법적으로 신분 차이가 없다.

15세기 세계사적 지평선에서 볼 때 유럽의 정치·경제 체제는 조선에 비해 후진적이었다. 중앙집권 체제가 물샐틈없을 만큼 완벽했던 조선 왕조와 달리 느슨한 봉건제도였다. 봉건 영주 중심의 신분제도는 공고했지만, 중앙집권 체제가 형성되지 못했기 때문에 틈새가 있었다. 그 틈새에서 상인이나 공인이 점차 세력을 형성해 나가면서 근대사회의 싹이 움텄다.

서서히 세력을 넓혀 가던 상공인들은 그만큼 세금을 더 많이 내면서 자연스럽게 자신들이 정치적 결정에 참여하지 못하는 체제에 비판적인 시선을 갖게 되었다. 상공인들이 부를 축적해 가면서 정치적 지배세력에게 경제적으로 예속되지 않는 지식인들도 출현했다. 상공인들과 직·간접적으로 이어진 그들은 혈연 중심의 신분제 사회, 왕과 귀족들이 모든 걸 독점하는 체제에 맞서 모든 인간이 평등하게 태어났다는 사상을 철학적으로 개념화해 갔다. 그것이 바로 계몽사상이다.

때마침 발전한 인쇄술에 근거한 커뮤니케이션의 획기적 변화가 근대사회를 열어 가는 촉매였다. 인쇄혁명을 역사가들이 '구텐베르크 혁명'으로 부르는 이유다. 시장의 상품 시세를 담는 '정보지'로 처음 등장한 신문은 어느 순간부터 상공인들의 정치적 주장을 담아 갔다. 상공인들은 자신들의 사업을 넓혀 가면서 고용하게 된 노동자들을 앞장세워 왕정에 도전했다. 종래에 충성해 왔던 왕에 맞서 상공인들과 노동자들이 신분제를 벗어나 민주주의를 연 역사적 사건이 시민혁명이다.

인류 역사에서 시민혁명의 상징은 프랑스 대혁명(1789)이다. 상공인과 노동자들은 처음부터 왕 루이 16세를 죽일 뜻이 없었다. 그런데 폐위된 왕이 프랑스를 탈출해 외세를 끌어들이려 한 음모가 드러나자 재판을 거쳐 단두대에 세웠다. 기요틴의 육중하고 시퍼런 칼날에 왕의 목이 떨어지는 순간, 프랑스 시민들은 환호했다. 왕비 마리 앙투아네트의 머리도 잘려 나갔다. 세계사적으로 동서양에 걸쳐 수천 년 동안 이어온 왕권이 무너지기 시작한 순간이다. 왕과 귀족들은 스스로 신분제의 특권을 포기하지 않았다. 인쇄술을 밑절미로한 언론의 발달, 그에 따른 민중의식의 성숙과 투쟁을 산고로 민주주의가 탄생했다.

한국사에서도 신분제를 벗어나려는 아래로부터의 움직임은 확연했다. 다만 조선 왕조는 국왕을 정점으로 피라미드 맨 아래까지 물샐틈없이 강력한 중앙집권 국가를 형성하고 있었기에 신분제 질서를 넘어설 상공인들이 세력화하기 어려웠다. 조선 왕조의 지배세력은 '사농공상(士農工商)'의 서열을 만들어 통치했다. '선비'라는 특

프랑스 대혁명

프랑스 대혁명은 수천 년 이어온 신분 제도에 조종을 울린 시민혁명이다. 당시 성직자와 귀족은 세금을 면제받았으나 평민은 무거운 세금을 내야 했다. 특히 상공인들은 누구보다 많은 세금을 내면서도 정치에 참여하지 못하는 신분체제에 불만이 컸다. 평민 대표들이 국민의회를 조직하자 루이 16세는 무력 진압에 나섰다. 상공인들과 노동자들이 바스티유 감옥을 습격하며 혁명이 시작되었고, 루이 16세와 왕비 마리 앙투아네트는 결국 단두대에 올랐다.

권계급 아래 농업을 중시하며 상업과 공업을 천시했다. 돈을 축적한 거상이 없었던 것은 아니다. 하지만 거상이 나타나도 그는 아들에게 자신의 '사업'을 물려주기보다는 돈으로 '양반 편입'을 갈구했다. 상인이나 공인이 세력화할 수 없을 만큼 중앙집권 체제가 정치, 경제, 문화에 걸쳐 완비되었다.

그럼에도 19세기 내내 아래로부터 민중의 저항이 컸다. 그 정점이 1894년에 녹두장군 전봉준이 주도해 일어난 갑오농민전쟁이다. 농민군은 신분제 철폐와 토지제도 개혁을 내걸었다. 당시 조선 왕은 고종이었고 실권은 그의 아내 민비(명성황후)에게 있었다. 조선 왕조는 군대를 보냈지만 농민들의 항쟁을 막을 수 없자 외세를 끌어들였다. 민비가 청에 도움을 요청했고 청나라 군대가 조선에 들어오자 '침략 기회'를 노리던 일본 또한 파병했다. 전라도를 석권하고 충청도 감영이 있던 공주로 북상하던 갑오농민군은 우금티에서 일본군의 기관총 아래 대량 학살당했다. 조선의 자주적 근대화가 꺾이는 역사적 전환점이었다. 갑오농민전쟁의 실패 이후 조선 왕조의 운명은 크게 기울어 끝내 식민지로 전락했다.

민주주의의 진전은 유럽에서도 순조롭지 않았다. 대혁명이 일어난 프랑스조차 왕정을 되살리는 움직임이 집요하게 이어졌다. 그때마다 민중들은 피를 흘려야 했다. 쇼펜하우어가 역사를 "인류의 길고 무겁고 혼란스러운 꿈일 뿐"이라고 단정했지만, 그 자신도 역사적 현실에 적극 '개입'했다. 당대의 혁명운동을 공포 속에 경멸했던 그는 1848년 혁명 과정에서 시위대에 총을 겨누는 당국에게 시위대를 잘 볼 수 있도록 '오페라용 망원경'을 빌려 줬을 정도다.

한국의 민주주의 나무

•• 쇼펜하우어의 역사관과 삶이 생생하게 증언하듯이 역사에서 중립은 없다. 왕정의 신분제 사회를 넘어서려는 사람들과 왕정과 신분제를 지키려는 사람들 사이에 일어난 갈등 앞에서 중립은 가능하지 않다.

이제 우리는 역사는 진보하는가라는 물음 앞에 확신을 갖고 답할 수 있다. 개개인이 역사를 어떻게 바라보는지도, 진보에 대한 견해도 얼마든지 자유다. 하지만 추상적 개인이 아닌 한, 누구도 부인할 수 없는 명백한 진보가 있다. 바로 평등이다.

인류의 역사는 뚜렷하게 사람과 사람 사이의 평등을 진전시켜 왔다. 세계사를 톺아보라. 노예 소유주들이 노예를 짐승처럼 부리던 시대는 이제 가능하지 않다. 귀족들의 세상이 있었고, 평민과 양반으로 나누던 사회가 기나긴 세월 지속되었지만, 21세기 그 어떤 나라도 노예는 물론 신분제를 법적으로 허용하지 않고 있다. 남성과 여성 사이의 불평등도 더는 정당화될 수 없다. 여성을 남성의 소유물로 여겨 온 긴 역사도 마침표를 찍어 가고 있다.

20세기 중반까지 이어온 인종차별도 이제 더는 법적 기반이 없다. 미국 연방정부는 물론이고 어느 주 정부도 흑인을 차별할 수 없다. 명백한 역사의 진보다.

그렇다면 이제 역사는 끝난 것일까? 그렇지는 않다. 법 앞에 모든 인간이 평등하다는 합의를 이뤘을 따름이다. 여전히 실질적 평등의 문제는 남아 있다. 백인 경찰이 흑인에게 휘두르는 폭력과 살상으로 불거지는 흑백 갈등은 21세기에도 미국 사회에서 종종 일어난다. 남성과 여성 사이의 실질적 평등도 아직 가야 할 길이 멀다.

세계사를 톺아보면 민주주의가 여기까지 오는 과정에서 민중들이 흘린 피가 지구촌 곳곳에서 강물을 이뤘다. 단두대를 출발점으로 민주주의는 '피를 먹고 자라는 나무'라는 금언처럼 민중의 희생으로 성숙해 왔다. '피를 먹고 자라는 나무'라는 민주주의 명제는 좌우의 역사관 문제가 아니다. 진보나 보수적 시각의 문제가 아니라 객관적 사실(事實)이자 엄연한 역사적 사실(史實)이다.

일본 제국주의의 침략을 받은 한국도 민주주의 나무를 피로 키워 왔다. 19세기의 갑오농민전쟁은 멈추지 않았다. 3·1운동, 해방 공간의 친일파 청산 투쟁, 4·19혁명, 5월 민주화운동, 6월 항쟁, 7·8월 노동자투쟁으로 끊임없이 이어졌고 2016년 12월 촛불혁명을 일궈냈다. 하지만 한국의 민주주의 나무는 아직도 어리다. 빈부 차이가 벌어지고 비정규직 비율이 높다.

언제부터인가 인터넷에 '헬 조선'이 나돌고 있듯이 자신이 살고 있는 사회를 젊은 세대 스스로 '지옥'으로 부르는 나라에 우리는 살고 있다. 그 현실에 적응 또는 순응해야 할까. 아니면, 관조 또는 실

_____ 어른의 교양

천해야 할까. 지금 나의 삶은 자선-평안-초연-창조, 탐학-굴
종-방관-독선 가운데 무엇일까. 그런 자문이 역사적 성찰이자 역
사로부터 배울 수 있는 교양이다.

인생의 기초, 교양의 출발
올바른 노동 교육과 교양 있는 노동 계약
경제 민주화와 노동자의 교양

3과

경제

"무항산자 무항심(無恒産者 無恒心)."
항산 없이 항심이 있을 수 없다.
(일정한 직업이나 재산이 없다면
마음의 안정도 누리기 어렵다.)

유교 사상가 맹자

인생의 기초,
교양의 출발

우주와 역사를 앞서 살펴보았지만, 사실 교양의 제1과는 경제이어야 옳을 성싶다. 흔히 교양과 경제는 서로 어울리지 않거나 어긋난다고 여긴다. 교양이란 적어도 돈보다는 고상한 어떤 것으로 생각하는 까닭이다. 들머리에서 아놀드의 교양 개념을 살펴보았듯이 "자기 인생과 생각을 부자가 되는 데 가장 많이 바친 사람들"을 관습적으로 '속물'이라 불러왔기에 더 그렇다. 그만큼 제1과를 경제로 꼽는 교양서는 낯설게 여겨질 것이다.

많은 사람이 경제란 주식에 투자하고 부동산을 사들이며 재산을 불려 가는 행위이거나, 수요와 공급의 곡선에서 시작해 환율 변동과 파생금융상품에 이르는 복잡한 수학적 논의라고 이해한다. 경제에 교양이 필요한 이유가 실은 여기에 있다. 자기 인생과 생각을 부자가 되는 데 바치는 현상이 경제의 고갱이는 결코 아니기 때문이다.

경제적 기반 위의 교양

•• 경제와 교양의 결합이 절실한 이유는 더 원초적이다. '이슬만 먹고 사는 미인'은 한낱 환상이듯이, 언제나 우주와 역사를 사색하며 아무리 고매한 정신을 지닌 사람도 먹어야 살 수 있다. 너무나 당연하기에 흔히 잊고 논의에서도 배제하기 십상이지만, 그 엄연하고 엄중한 사실에 근거를 두고 교양을 논의해야 옳다.

가장 원초적 사랑을 나누는 가족들 또한 경제적 기반이 없을 때 속절없이 무너질 가능성이 높다. 절망에 잠긴 사람만 현실의 차가움을 절감하는 것은 아니다. 경제적 기반이 넘쳐나더라도 마찬가지다. 재벌가인 삼성과 롯데가 생생하게 보여 주듯이 친형제 사이에 아버지의 재산을 둘러싸고 민망한 법정다툼까지 자못 치열하게 벌어진다. 대기업뿐만 아니다. 작은 집 한 채를 두고도 부모가 죽은 뒤 장례식장에서 상속을 둘러싸고 형제들의 갈등이 법정으로까지 이어진다든가 때로 살인까지 일어나는 끔찍한 뉴스는 우리에게 낯설지 않다.

민주주의의 실현을 위해 촛불을 들었던 민주 시민들이라고 해서 예외는 아니다. 어둠을 밝힌 광장을 떠나는 순간, 차디찬 삶의 현실과 맞닥트려야 한다. 다름 아닌 경제다.

경제는 인생의 기초이자 사회의 기반이기에, 경제적 기반이 없는 개개인에게 교양은 얼핏 '사치'처럼 다가올 수 있다. 2010년대 이후 한국 사회의 젊은이들을 '7포 세대'라고 규정하듯이, 부모로부터 독립할 성인이 되었음에도 취업하지 못할 때 결혼은 언감생심이다. 현대인에게 먹고사는 경제적 문제는 곧장 취업과 이어져 있기 때문이다. 경제적 고통으로 자살하는 사람들이 가파르게 늘어나는 사회라면, 언제 해고될지 모를 만큼 일터가 불안정하다면, 더욱 그렇다.

그럼에도 어깃장 놓듯이 경제를 교양의 제1과로 내세우면서도 제3과로 배치한 이유는 '경제적 기반'이나 '경제적 고통으로 인한 자살' 또는 '일터 불안정'과 같은 문제들을 해결하기 위해서라도, 아니 해결하려면 반드시 폭넓은 교양이 필요해서다.

현실에서 경제와 교양이 만나는 가장 중요한 지점은 직업이다. '직업을 갖는다'는 의미의 취업은 어느새 젊은 세대를 포함한 모든 사회구성원이 풀어야 할 가장 절실하고 절박한 화두가 되었다. 2008년 미국 금융위기 이후 전 세계가 장기적 불황, 어쩌면 끝 모를 불황에 들어가 있기에 더욱 그렇다.

취업에 대한 교양의 기본은 그 말의 정확한 의미를 파악하는 데서 시작한다. 취업은 새삼스런 상식이되 의외로 간과되고 있는 풀이이지만 자영업을 선택하지 않는 절대 다수의 사회구성원에게 노동계약을 맺는 일이다. 사회구성원의 대다수는 일할 사람을 고용하는 갑이 아니다. 갑이 고용하는 일할 사람, 을이다. 통상 근로계약 또는 고용계약이라고도 부르는 노동계약은 '노동자와 고용자 사이에 노동력 제공과 임금 지불을 약속하는 계약'이다. 그러니까 지금 취업한 사람 대다수는 노동계약을 맺고 있는 노동자다.

노동자이기를 거부하는 노동자

•• 신문과 방송에서 흔히 쓰기에 사람들이 자연스럽게 받아들이는 '회사원'은 대한민국 통계청도 쓰지 않을 만큼 자의적인 호칭이다. 통계청이 발표한 경제활동인구조사에서는 2015년 한국 사회의 임금노동자를 1,880만 명으로 밝힌다. '회사원'이라는 말은 그 통계에 없다. 생산직이든, 서비스직이든, 관리직이든 '노동력을 제공하고 임금을 지불받는' 모든 사람을 노동자로 분류하고 있다.

그럼에도 엄연한 노동자인 사람들이 스스로 '노동자'라는 말에 어딘가 불편함과 거부감을 느낀다. '시민운동'이란 말에 익숙하고 그 대열에 참여도 하지만 '노동운동'에는 거리를 두곤 한다.

대다수 시민 또는 교양인들에게 노동계약은, 아니 그 이전에 '노동'이란 말은 심지어 불온하기까지 하다. 노동에 대한 우리 사회의 선입견을 단적으로 드러낸 설문조사(economy21, 2006년 4월 4일) 결과가 있다. 서울에 있는 4개 고등학교 2학년생들을 대상으로 한 조사다. '노동자 하면 주로 어떤 이미지가 떠오르느냐'는 설문에 '나는 되고 싶지 않다'(39.4%), '가난하다'(34.7%), '불쌍하다'(33.6%)라는 응답이 다수였다. '미래의 나의 모습이다'이라거나, '자랑스럽다'는 응답은 각각 5퍼센트와 3.2퍼센트에 지나지 않았다. 이 설문조사 이후

10년이 더 흘렀다. 당시 설문에 응답한 고등학생들은 20대 후반이 되어 어떤 세상과 맞닥뜨렸을까. 취업이 안 되어, 곧 노동자가 되지 못해 애태우고 있지 않은가.

그럼에도 지금도 여전히 대다수 10대에게 '노동자'는 가난하고 불쌍한 그래서 자신은 되고 싶지 않은 '직업'이다. 노동자가 미래의 내 모습이라고 생각하는 고등학생은 겨우 5퍼센트. 비단 청소년들의 의식이 아니라 대한민국 국민 대다수가 그렇게 생각하고 있다고 보아도 큰 무리는 아니다.

누구나 청소년 시절에 받는 '의무교육'에서 노동자를 멸시하는 일이 버젓이 저질러진다. '대학 가서 미팅할래, 공장 가서 미싱할래' 따위가 '급훈'으로 걸려 있는 중고교에서 자라난 청소년들이 노동자를 어떻게 인식할지는 불을 보듯 뻔하다. 노동에 대한 멸시는 스스로 일해서 살아가기보다는 수단 방법을 가리지 않고 부자가 되겠다는 '집념'에 사로잡히게 한다.

다시 강조하지만, 노동자의 사전적 뜻은 노동력을 제공하고 얻은 임금으로 생활을 유지하는 사람이다. 그러니까 일터에서 나가 일(노동)을 하고 월급(임금)을 받는 사람, 그들이 바로 '노동자'다. 흔히 '노가다'로 불리는 '가난하고 불쌍한' 일용직 노동자만 노동자가 아니라는 뜻이다. 자동차나 컴퓨터, 휴대 전화를 생산하는 대기업에서 일하는 모든 생산직과 사무직도, 고등학교의 교사도, 대학 교수도, 큰 병원에서 진료하는 의사도, 신문과 방송사의 기자와 프로듀서·

아나운서도, 국가에 고용된 판사나 검사, 경찰을 포함한 공무원들도 모두 노동자다. 농민이나 영세 자영업인도 임금을 받는 것은 아니지만 스스로 노동을 하며 살아간다. 여러 직업으로 나누어지지만 국민 대다수가 노동자로 살아가는 것은 분명하다.

그런데 왜 노동자가 자신의 미래 모습이라고 생각하는 청소년이 5퍼센트에 지나지 않을까. 실제로는 95퍼센트가 노동자가 될 수밖에 없음에도 왜 물구나무 선 인식을 하고 있을까. 노동자가 스스로 노동자로서 주권 의식을 가질 때 불편한 사람들이 오랜 세월 동안 노동자를 비하하거나 노동운동을 폄훼해 왔기 때문이다.

사전이 규정하고 있듯이 노동력을 제공하고 얻은 임금으로 살아가는 사람은 근대 자본주의 사회의 산물이다. 자본주의 사회 이전에는 임금으로 살아가는 노동자가 없었다. 전근대사회는 고대 노예제 사회든, 중세 농노제 사회든 신분제도 아래서 일하는 사람들을 소유하거나 지배하는 특권 계급이 지배했다. 토지와 신분에 묶인 노예나 농노에게 자유는 없었다. 삶 자체가 지배계급에 법적으로 종속되어 있었다.

하지만 근대사회의 노동자는 신분 제도의 구속을 받지 않는 자유로운 사람이다. 신분제의 억압으로부터 자유가 지닌 중요성은 결코 가볍게 볼 수 없는 세계사적 성취다. 그 성취를 전제로 한 냉철한 판단이 필요하다. 노동자가 얻은 자유는 과연 얼마나 그 이름에 값할까.

법적으로 노동계약은 노동자와 상공인(또는 자본가)의 자유로운 선택으로 이뤄진다. 노동자를 고용한 상공인과 노동자는 법 앞에 평등하다. 노동계약을 맺을 때 노동자와 상공인은 적어도 법 조항 앞에서는 대등하다. 하지만 실제로 평등하다는 질문에 과연 '그렇다'고 답할 노동자가 얼마나 될까.

노동자는 자신의 노동력을 제공하고, 상공인(자본가)은 그에 따른 대가로 임금을 지급하는 노동계약을 법적인 형식논리로 본다면, 노동자는 얼마든지 노동력 제공을 거부할 법적 권리가 있다. 그런데 실제로 노동력 제공을 거부할 때, 노동자는 임금을 받을 수 없다. 임금을 받지 못할 때, 당장 생계가 막연해지며 생존권의 위협을 받는다. 이러한 상황을 일러 '자유'라고 부를 수 있을까.

반면에 자본가는 계약을 파기하더라도 생계와 생존의 위협에 시달리지 않는다. 지니고 있는 자본으로 얼마든지 생계를 해결하고 여유를 누릴 수 있기 때문이다. 법 앞에 자유와 평등이 실제 구체적인 삶에서는 공허하게 다가올 수밖에 없는 까닭이 여기 있다.

그렇다면 실질적 불평등은 인간 사회에서 어쩔 수 없는 일인가? 그렇지 않다. 바로 그래서 교양이 절실하다. 노동은 교양의 출발이자 인생의 기초다.

올바른 노동 교육과
교양 있는 노동 계약

미국 사회심리학자 존 바그(John Bargh)는 연구원들과 함께 뉴욕 대학의 재학생들을 여러 팀으로 나누어 다섯 단어를 조합해서 문장을 만들어 보라고 주문했다. 그 가운데 한 팀은 '근심하는, 늙은, 회색의, 감상적인, 현명한, 은퇴한, 주름진, 빙고 게임'과 같이 노인을 묘사한 단어묶음을 받았다.

실험을 마친 뒤 연구원들은 학생들이 팀별로 복도의 한쪽 끝에서 다른 쪽 끝으로 이동하는 데 걸리는 시간을 몰래 측정했다. 놀라운 결과가 나타났다. 노인을 묘사하는 단어로 문장을 만든 학생들은 그렇지 않은 학생들보다 훨씬 천천히 복도를 걸어갔다. 학생들은 주어진 단어가 노인과 관련된 것이라는 것을 무의식적으로 인식했고, 그래서 자기도 모르게 '천천히 걷는다'는 개념을 행동에 적용한 것이다. 심리학과 언론학에선 이를 '점화효과(Priming effect)'라 부른다. 드라마 배역의 이미지에 따른 광고를 보기로 들 수 있다. 드라마를 보고 나면 곧바로 주인공이 모델로 나오는 광고들이 이어진다. 광고 모델은 어김없이 다사로운 이미지를 지닌 주인공이다. 더 많은 상품을 판매해 이윤을 얻으려는 기업들에게 점화효과, 즉 프라이밍은 요긴한 이론적 무기다.

점화효과

•• 점화효과는 '노동'이라는 단어에서도 확인할 수 있다. '노동'이라는 말을 들었을 때, 한국 사회 구성원 대다수의 머리에선 어떤 이미지가 '점화'될까. 앞서 소개한 고등학생들을 대상으로 한 설문조사 결과는 그 이미지를 충분히 짐작케 한다.

오랜 세월에 걸쳐 사람들의 머릿속에 '각인' 또는 '세뇌'된 점화효과를 씻어내기는 쉽지 않다. 의식하든 못하든 견고하게 자리 잡고 있을 가능성이 높기 때문이다. 그래서 교양의 기초는 경제이고, 경제의 핵심은 노동이라는 진실을 마주하기가 괜스레 불편하거나 거부감을 느낄 수 있다.

하지만 바로 그렇기에 노동의 개념부터 깔끔하게 짚을 필요가 있다. 인간은 누구나 자신의 내면세계를 갖고 있다. 그 내면을 밖으로 드러내 구현하는 일이 다름 아닌 노동이다. 칼국수가 먹고 싶다는 내면의 욕구를 채우려면 불을 피우고 물을 끓여 칼국수 면을 넣어야 한다. 그 대상이 자신이든 다른 사람이든 그런 수고 없이는 칼국수를 먹을 수 없다. 칼국수를 먹을 때까지 모든 과정이 노동이다. 집안이 청결한 것도 누군가 애면글면 가사노동을 한 결과다. 지금 입고 있는 옷도 누군가가 어디선가 노동한 결과다. 어디 먹는 것이나 입는 것뿐이겠는가. 책상, 의자, 컴퓨터, 스마트폰, 텔레비전, 책, 집, 건물 모두 누군가의 노동으로 '창조'됐다. 어느 기업에 취업 또는 입사한다는 말은 생산직이든 사무직이든 서비스직이든 자신의 노동력을 그 업체가 만들거나 제공하는 재화나 용역에 투입한다는 뜻이다.

여기서 자연스럽게 의문을 제기할 수 있다. 바로 노동은 '목구멍이 포도청'이기에 어쩔 수 없이 하는 일이 아니냐는 물음이다. 실제로 공휴일을 목마르게 기다리는 노동자들(아직도 이 말이 낯설거나 자신과 무관한 말이라고 생각한다면 '회사원'이라고 바꿔 읽어도 무방하다. 다만 그것이 점화효과 '덕분'이라는 것은 알고 있을 필요가 있다.)이 적지 않다. '월요병'이라는 말이 나돈 지도 오래다. 그러므로 노동은 '인간 내면의 외화(外化)'라는 논리에 공감하기 어려울 수 있다.

아렌트의 노동, 작업, 행위

•• 기실 그런 의문은 자연스럽고 보편적 현상이기도 하다. 일찍이 한나 아렌트(Hannah Arendt)가 노동과 작업을 구분하고 나선 이유이기도 하다. 아렌트에게 내면의 외화는 노동만이 아니다. 아렌트는

_____ 어른의 교양

활동적인 삶을 노동(labor), 작업(work), 행위(action)로 나눴다.

아렌트에게 '노동'은 생물로서 인간에게 불가피한 활동이다. 모든 동물처럼 인간도 생명을 유지하려면 주기적으로 먹어야 한다. 그 생명 유지의 필수조건을 충족하는 활동이 노동이다.

그런데 인간은 생물학적 차원의 삶에 그치지 않는다. 그때그때 먹어치우는 것 이상을 추구한다. 아렌트는 인간이 충족하면서 소비되어 사라지는 '노동'과 달리 지속될 수 있는 세계를 형성하는 활동을 '작업'이라고 규정했다. 작업을 통해 인간은 먹고 배설하는 생물학적 순환을 벗어나 영속적이고 안정된 세상을 만든다.

노동과 작업이 개개인의 지평에 머문다면, '행위'는 다른 사람들과 더불어 살아가는 활동을 의미한다. 아렌트가 말한 행위의 구체적 보기를 들자면, 2016년 겨울의 촛불시위를 들 수 있다. 이 시위는 노동과 작업을 넘어선 행위다.

노동계약을 맺고 취업을 한 사람들이라면 아렌트의 분류에 더 고개를 끄덕일 성싶다. 자신과 가족의 생계를 위해 일터에서 긴 시간 끝없이 반복되는 일을 하며 퇴근 이후에 자유를 느끼는 숱한 '회사원'이라는 이름의 노동자들에게 노동은 내면의 외화일 수 없기 때문이다. 실제로 아렌트는 산업혁명 이후 근현대인들이 자신의 활동을 주로 자신과 자기 가족의 생계유지를 위한 한낱 수단으로 파악하는 현실에 문제의식을 가졌다고 회고했다. 그녀가 보기에 생계를 걱정하는 활동은 동물들도 하고 있기에 그것을 해결하려고 노동에만 몰두하는 활동은 인간적이지 못하다. 노동에 갇혀 인간의 활동에서 작업과 행위가 사라진 것이야말로 현대인들이 앓고 있는 병이다. 사람답게 살려면 작업과 행위를 통해 자신의 개성과 능력을 발현해 나가야 한다는 것이다.

과연 노동은 인간의 존엄성과 별개의 것일까. 아렌트가 인간이 동물적 차원의 생계유지에 매몰되는 현실이 안타까워 노동과 작업과 행위로 인간의 활동을 나눈 사실에 동의하더라도 여전히 문제는 남는다. 노동, 작업, 행위가 칼로 두부 자르듯이 나눠지지 않을뿐더러, 설령 그렇다고 하더라도 그때 노동은 그저 '동물적 활동'으로 치부돼 계속 논외가 될 위험성이 높다. 가령 한국은 대기업 노동자든 자영업에 고용된 노동자든 긴 시간 노동에 시달리고 있다. 퇴근과 다음 날 출근 사이에 아무런 '작업'도 '행위'도 할 수 없는 현실에서 아렌트의 구분은 어떤 의미가 있겠는가.

따라서 아렌트의 문제의식을 살리려면 노동 자체가 동물적 활동에 머물지 않도록, 다시 말해 노동을 인간화하는 방법을 찾아야 옳다. 더구나 아렌트가 말한 의미로 노동을 한정해도, 그 노동이 동물적 차원이나 생계유지 차원에 그치는 것은 아니다. 우리 삶과 사회의 기반이 되는 모든 것은 사람들이 노동하는 수고로 생산되고 있기 때문이다. 현대 사회에서 일하는 모든 사람은 자신의 노동으로 서로에게 도움이 되는 재화를 만들거나 서비스를 제공하고 있다. 사회구성원 개개인들이 먹고 입고 머무는 기초생활과 일상의 생필품에서

부터 가장 높은 경지의 예술에 이르기까지, 모두 인간의 내면에 떠오른 구상을 외화해서 현실화한 노동의 결과물이자 창조물이다.

서양과 한국의 노동 교육

•• 아무리 창조적인 생각도 그것을 밖으로 드러내는 노동이 없다면 현실이 되기 어렵다. 바로 그래서 노동을 작업이나 행위와 다른 차원으로 가둬 둘 것이 아니라 가둬 둔 노동을 인간화해야 옳다.

유럽의 많은 나라들이 일찌감치 학교 정규 과목으로 노동 교육을 하는 이유도 노동의 인간화를 요구하는 노동자들의 연대가 흔들리지 않았기 때문이다. 이를테면 프랑스에서는 중학교 과정에서 노동과 관련한 사안들을 배우고, 고등학교에 들어가면 '모의 실습'을 한다. 일반계와 실업계 고교 공통으로 '시민·사회교육'이라는 교과가 있다. '시민권, 일할 권리, 노동 계약, 임금, 아동 및 여성 노동, 위생, 안전, 노동 조건, 불법 노동, 노동조합, 집단적 행위, 분배 정의, 다양한 인권 선언'들을 가르치며 토론식 수업을 진행한다. 학생들이 노사 두 편으로 나뉘어 단체 교섭도 익힌다. 고등학교 1학년 교실에서 '단체 교섭의 전략과 전술'을 놓고 토론을 벌이는 모습을 상상해 보라. 한국의 고등학생들에게는 생소하게 다가올 수밖에 없다.

독일에서도 초등학교 정규 수업에서부터 노사 관계를 가르친다. 초등 과정에서는 '노동 세계'와 관련한 초보 교육이 이뤄지고, 중등 과정에서는 '기술 및 경제 교육'에 이어 '경제학, 기술학 등 노동 세계에 대한 이론적 대비'를 익힌다. 헌법과 단체협약 법, 공동결정법, 사업장 노사 관계법, 직업교육법 등 노동권의 법률적 근거를 교과서에 명시하고 있음은 물론이고 모의노사관계 놀이(실습)를 통해 단체협상에 대비토록 한다. 학교에서 한 해에 여섯 차례 정도 모의 노사교섭의 경험을 쌓는다.

독일의 교과서에는 사회가 해결해야 할 과제인 실업 문제에 대해서만 30쪽을 할애하고 있다. 노사 관계에 대해서는 '민주주의와 공동 결정'이라는 관점에서 50쪽 넘게 관련 내용을 상세하게 다룬다. 독일의 교과서는 노사 관계를 "가족 관계를 제외하고 사람이 사회에서 자기를 실현하며 살아가는 가장 중요한 관계"라고 정의하고 있다.

노동자들의 권리가 유럽과 견주어 현저히 떨어지지만 미국도 초등학교 단계부터 노동 교육을 한다. 노동 교육 활성화를 위해 교사와 교수는 물론, 학교 노동교육위원회(교원연맹)·직업경험교육가협회·비정부단체(NGO)들이 노동 시장 전반, 직업 세계, 노동의 역사, 노동조합, 단체 협상에 이르기까지 폭넓은 주제에 대해 지원 프로그램을 운영하고 있다. 교육을 담당할 교사를 위한 노동교육 프로그램도 있다.

미국의 경제 교과서는 '미국의 노동력'이라는 하나의 장에서 미국 노동자, 조직화된 노동자, 단체교섭을 작은 절로 구성해 노동자를 노동시장의 주체로 언급하며 노동자들의 조직으로서 노동조합을 설명하고 있다. 윤리 교과서에서도 노동조합의 형성, 노사 관계, 정부의 조치, 오늘날의 노동조합을 다룬다.

우리나라 초·중·고교 교육현장에서 노동 교육은 사실상 없다고 해도 과언이 아니다. 노동 교육이 있다면 직업윤리나 경제 활동 맥락에서 가르칠 뿐이다. 노동법이나 노동조합, 단체교섭에 관한 내용은 아예 없거나 간단히 언급하는 데 그친다.

대학에 들어가면 상황은 더 심각하다. 노동법을 가르치는 대학은 없다. 대학에 따라서 '법과 사회'라는 교양 과목이 있기는 하지만 그 가운데 노동법을 다루는 교수도 거의 없다. 있더라도 1~2시간을 가르치는 게 고작이다.

그러니 한국 사회에서 교육을 받고 기자가 되거나 판사, 검사, 행정부 공무원이 된 사람들이 노동 문제를 어떻게 바라볼까. 노동 교육을 전혀 받지 못한 기자들은 노동 문제에 편견을 지닐 수밖에 없다. 그래서 우리 모두는 각종 파업에 불평을 늘어놓는 시민들의 인터뷰에 익숙해 있다.

파업을 전하는 텔레비전 뉴스는 파업의 원인이나 노조의 요구는 거의 다루지 않는다. 불편을 호소하는 시민들의 인터뷰가 주를 이룬다. 유럽에서는 다르다. 노동자들의 파업 보도에서 노동조합의 요구사항은 타당한 내용이니 정부와 기업은 빨리 받아들여 사태를 해결하라고 촉구하는 시민들 반응도 방송에 나온다.

일방적인 언론 보도를 보며 자라난 세대는 앞 세대의 고정관념에서 벗어나지 못한 채 살아간다. 노동 운동에 법질서를 이유로 탄압하고 감옥에 가두기를 서슴지 않는 검사와 판사들도 그 연장선이다. 악순환 구조가 형성되어 있는 셈이다. 그 악순환 구조에서 이익을 보는 사람들은 누구일까? 노동자를 고용한 소수의 사람들, 상공인, 곧 자본가들이다.

하지만 상공인이나 기업인으로 불리는 자본가들도 노동법에 보장된 노동자의 권리를 인정하고 노동자와 대화를 통해 경영을 풀어갈 때, 자신이 고용한 노동자로부터 인정받는 사람이 될 수 있다. 그렇지 않을 때, 아무리 돈을 많이 모아도 기업 안팎에서 손가락질 받는 대상이 될 수밖에 없다. 그것은 자본가 자신에게도 불행한 일이다. 한국 사회에서 '재벌 총수'에 대한 인식이 좋지 않은 이유도 같은 맥락이다.

더러는 자신은 전문직이라거나 전문직을 선택하겠다며 세상이 노동자와 자본가로 나누어지지 않는다고 생각할 수도 있다. 하지만 전문직도 임금을 받으며 일을 할 때는 엄연한 노동자이다. 가령 외과의사는 대학병원이나 큰 병원에서 일하고 있으면 월급 받는 의료 노동자다. 개인 개업을 한다고 하더라도 큰 자본이 없는 한 자신의 의료 노동으로 살아간다. 변호사나 작가도 마찬가지다. 그러므로 전문직 노동자로 살아가더라도, 한 시대를 함께 살아가는 대다수 노동자들의 삶이 나아지는 걸 바라는 게 옳지 않을까?

정당한 노동 계약

•• 우리가 살고 있는 세상의 경제는 노동과 자본 사이의 노자관계(한국에선 노사관계라는 말이 더 자연스럽게 뿌리내려 있다.)가 기반이다. 기실 조금만 짚어 보아도 자신이 노자관계 속에 있다는 사실을 생생하게 깨달을 수 있다. 설령 자신이 아니더라도 가족 중에 누군가는 노자관계 속에 있다.

노자관계는 형식에서만 평등한 갑을관계다. 갑인 자본가의 힘은 을인 노동자와 견주어 통상의 갑을관계를 넘어 절대적이다. 바로 그렇기에 '민주주의'를 헌법에 명기한 모든 나라는 노동자의 권리를 보장한다. 대한민국도 노동 3권을 명문화하고 있다.

노자관계의 출발은 앞서 말했듯이 흔히 '근로계약서'로 불리는 노동계약서다. 어느 일터든 노동자는 근로계약서를 확인하고 서명할 권리가 있다. 노동자가 요구하지 않아도 자본은 근로계약서를 제시해야 한다. 노동 조건이 바뀔 때 노동자가 요구하면 바뀐 내용 또한 반드시 서면으로 주어야 한다(근로기준법 제17조). 노동계약서에는 임금, 노동 시간, 주휴일, 연차유급휴가, 노동 장소에 대한 내용이 들어간다. 계약서에 근로기준법 위반사항이 있으면 그 부분은 효력을 상실한다. 이를테면 노동계약서에 "중도 퇴사할 경우 손해배상을 하고, 그 달 임금은 주지 않는다"고 명시하거나 "우리 회사는 퇴직금이 없다", "최소 5일 이상 일하지 않으면 임금은 없다" 따위가 대표적 사례들이다. 단 하루만 일했더라도 하루치 임금을 반드시 지급해야 한다.

개개인에게 제시하는 노동 계약 내용을 담아 경영진이 만들어 놓은 사규가 '취업규칙'이다. 취업규칙은 전체 노동자에게 적용되는 일종의 약관으로 10인 이상 사업장은 의무적으로 작성하고 노동부에 신고한다. 노동자들이 자유롭게 볼 수 있게 게시도 한다. 이를 위반하면 과태료를 물어야 한다. 취업규칙을 노동자에게 불리하게 바꾸려면 반드시 노동자 과반수의 동의가 필요하다. 자본은 취업규칙에 끊임없이 독소조항을 집어넣으려고 시도한다. 취업규칙 변경이 노동자에게 불이익을 줄 때 노동자 과반수의 동의가 있어야 효력이 있다. 따라서 노동자들의 단결이 취업규칙에도 필요하다.

노동계약서는 그저 형식일 뿐이라고 넘길 일이 아니다. 서명하기 전에 꼼꼼히 살펴야 한다. 일단 서명하고 나면 법적 보호를 받기 어렵다. 노동계약서에 서명할 때 내용을 잘 읽지도 않고 선뜻 서명하는 일은 '쿨 한 것'이 아니라 교양 없는 짓이다.

경제 민주화와
노동자의 교양

노동과 자본 사이에 힘의 불균형은 한국 사회에서 특히 심각하다. 국제노총(ITUC)이 세계 141개국 노동권 현황을 조사해 발표한 2016년 보고서에서 한국은 3년 연속 노동자 권리를 제대로 보장하지 않는 나라로 꼽혔다.

한국은 ITUC의 노동권리 지수(GRI) 5등급으로 '노동권이 지켜질 보장이 없는(No guarantee of right)' 나라에 들어갔다. 한국과 함께 5등급인 나라는 중국·이집트·방글라데시·과테말라·이란·짐바브웨 등 24개국이다. 5등급보다 낮은 5+등급이 있긴 하지만 5+등급은 '내전 등의 상황으로 노동기본권이 보장될 수 없는 나라'이다.

'권리침해가 불규칙적인' 1등급 국가는 오스트리아·덴마크·핀란드·스웨덴을 포함한 13개국이다. 일본·브라질 등 22개국은 2등급(권리침해가 반복되는), 헝가리 · 이스라엘 등 41개국은 3등급(권리침해가 정기적인), 미국 · 폴란드 등 30개국은 4등급(권리침해가 시스템적인)이다.[4] 국제노총의 등급 발표에서 볼 수 있듯이 노동자들의 권리는 그 나라의 민주주의 수준과 직결되어 있음을 발견할 수 있다. 여기서 우리는 '경제 민주주의' 개념을 짚을 필요가 있다.

경제 민주화

•• 한국 사회에서 2010년대 들어와 비로소 신문과 방송에 오르내리기 시작한 '경제 민주화'는 대한민국 헌법에 새겨진 조항이다. 헌법은 '제9장 경제'의 첫 조항인 제119조에서 다음과 같이 선언하고 있다.

> ① 대한민국의 경제 질서는 개인과 기업의 경제상의 자유와 창의를 존중함을 기본으로 한다.
> ② 국가는 균형 있는 국민경제의 성장 및 안정과 적정한 소득의 분배를 유지하고, 시장의 지배와 경제력의 남용을 방지하며, 경제주체간의 조화를 통한 경제의 민주화를 위하여 경제에 관한 규제와 조정을 할 수 있다.

'경제의 민주화'가 '적정한 소득의 분배'와 더불어 헌법에 명시되어 있다. 재산권에 대해 규정한 헌법 제23조를 보자.

① 모든 국민의 재산권은 보장된다. 그 내용과 한계는 법률로 정한다.

② 재산권의 행사는 공공복리에 적합하도록 하여야 한다.

③ 공공필요에 의한 재산권의 수용·사용 또는 제한 및 그에 대한 보상은 법률로써 하되, 정당한 보상을 지급하여야 한다.

법치국가의 최상위법인 헌법이 재산권의 행사는 공공복리에 적합해야 한다고 명문화해 놓은 사실을 새삼 발견할 수 있다.

민주주의란 '민중의 자기 통치'라는 학문적 정의에 근거하면 경제 또한 민주주의가 필요하다. 헌법 제1장 제1조에서 대한민국의 "모든 권력은 국민으로부터 나온다"도 새삼 새겨보아야 한다. '정치 권력은 국민으로부터 나온다'라고 하지 않고, '모든 권력은 국민으로부터 나온다'라고 명문화한 것은 권력이 단순히 정치 권력만으로 그치지 않기 때문이다.

헌법 총강의 첫 조항과 경제부문 첫 조항은 경제 권력도 국민으로부터 나온다는 의미로 이어져 있다. 민주주의의 동서양 어원 모두 '민중의 권력'(데모크라시) 또는 '민중이 주인'(民主)이듯이, 경제 민주화라는 말 그대로 경제 또한 민중이 주인이 되어야 민주주의다.

헌법 어느 구절에도 '대한민국은 자본이 주인이다'라거나 '자본주의를 해야 한다'는 규정이 없다. 주권자는 국민이고 '경제 민주화'와 재산권의 공공복리 행사까지 명문화하고 있다. 그 헌법 정신에 근거해서 경제학계 일각에선 자본주의와 시장경제는 전혀 다른 개

넘임을 강조하는 흐름도 있다. 자본이 주인인 자본주의적 기업들이 임금노동을 고용해서 생산을 조직하는 것이 자본주의고, 시장경제란 다양한 경제 주체들의 자율적인 선택에 의해서 경제 활동과 자원배분을 조정하는 체제를 말한다는 것이다.

따라서 자본주의 아닌 시장경제도 얼마든지 가능하다. 오히려 문제의 핵심은 시장경제가 강조하는 '개인의 자유로운 선택'을 어떻게 보장할 것인가에 있다. 모든 것을 시장에 맡겨 놓으면 실질적으로는 자유롭지 않기 때문이다. 시장이 실제로 자유롭고 효율적으로 돌아가려면, 모든 사람이 실질적인 자유를 누리며 공정한 경쟁이 이루어져야 한다. 따라서 경제적으로 강한 쪽의 힘은 통제하고 경제적 약자를 보호하는 데 정부가 적극 나서야 하며 바로 그것이 헌법 119조가 말하는 경제 민주화라는 논리다.[5]

경제 민주화를 인문학적으로 '운칠기삼의 논리'에서 찾기도 한다. 운칠기삼(運七技三)은 문자 그대로 운이 70퍼센트, 재주가 30퍼센트라는 뜻이며 아무리 노력해도 일이 이루어지지 않거나, 노력을 들이지 않았는데 운 좋게 어떤 일이 성사되었을 때 쓰는 말이다. 중국 포송령(蒲松齡)의 〈요재지이(聊齋志異)〉에서 유래하는 말로, 한 선비가 자신보다 뛰어나지 못한 이들은 해마다 과거에 급제하고, 자신은 늙도록 계속 낙방해 패가망신하자 옥황상제에게 그 이유를 따져 묻는다. 옥황상제는 정의의 신과 운명의 신에게 술내기를 시키고, 정의의 신이 많이 마시면 선비가 옳고, 운명의 신이 많이 마시면 세상사 그런 것이라 생각하고 체념한다는 다짐을 선비에게 받았다. 내기에서 정의의 신은 석 잔밖에 마시지 못하고, 운명의 신은 일곱 잔을 마셨다. 옥황상제는 세상사는 정의가 아니라 운명에 따라 이뤄지지만, 엄연히 3푼도 중요하므로 운만이 모든 걸 지배하는 것은 아니라며 선비를 돌려보냈다.

사실 조금만 주위를 돌아보아도 운칠기삼을 실감할 수 있다. 운이 좋아 잘 풀리는 사람도 있고, 정반대인 사람도 있다. 더러는 게으름이 빈곤의 원인이라고도 하지만 여기에도 운칠기삼의 논리는 작동한다. 부모의 유전자든 어린 시절의 나쁜 환경이든 게으름을 반드시 당사자의 책임만으로 돌릴 수 없기 때문이다. 바로 그렇기에 철학적으로 연대와 나눔, 경제적으로 '분배 정의'를 비롯한 경제 민주화가 필요하다.

노동의 소외

•• 물론, 경제 민주화는 분배의 정의에 국한하지 않는다. 자본과 노동 사이에 힘의 불균형을 해소해야 옳다. 자본주의 체제를 분석한 사회철학자 마르크스에게 노동의 문제는 더욱 철학적인 동시에 더욱 구체적이다. 그는 자본주의에서 노동이 소외되고 있는 현실을 네 가지로 범주화했다.

첫째, 노동 생산물로부터의 소외다. 노동자의 노동 생산물이 그들의 욕구를 충족시키는 것이 아니라 그들과는 낯선 독립적인 힘으로서 노동자를 지배한다. 둘째, 생산 활동으로부터의 소외다. "노동자는 그의 노동 속에서 자신을 긍정하는 것이 아니라 부정하며, 행복을 느끼는 것이 아니라 불행을 느끼며, 자유로운 육체적·정신적 에너지를 발휘하는 것이 아니라 고행으로 그의 육체를 쇠약하게 만들고, 그의 정신을 파멸시킨다"고 날카롭게 진단했다. 셋째, 유적 존재로부터의 소외다. 인간을 동물적 생활 활동으로부터 직접적으로 구별 짓는 노동이 단순히 자신의 생존을 위한 수단이 됨으로써 인간이 자신의 유적 본질을 잃어버리는 현상이다. 넷째, 인간의 인간으로부터의 소외다. 자신만이 아니라 다른 사람도 똑같이 인간적 본질로부터 소외되는 현상이다.

마르크스가 말한 노동의 소외는 21세기에도 깊은 성찰을 준다. 가령 한국의 한 자동차 기업에서 고급 승용차를 만드는 공정에 투입된 비정규직 노동자를 상정해 보자. 자동차를 만드는 노동을 하는 그가 정작 자신의 노동 생산물을 소유하지 못한다면, 더구나 자신의 노동으로 생산된 고급 승용차를 타고 다니는 사람들로부터 부당한 억압을 당한다면 이는 '노동 생산물로부터의 소외'다. 그가 자동차를 만드는 과정에서 쉼 없이 반복되는 공정에 투입되어 장시간 노동에 시달리고 있다면 '생산 활동으로부터의 소외'다. 그가 노동 과정에서 창의성을 드러낼 기회가 없고 즐겁지도 않은 채 목구멍이 포도청이기에 마지못해 일하고 있다면 '유적 존재로부터의 소외'다. 그가 승용차를 생산하며 자신을 차별하는 정규직 노동자나 경영진, 자본가를 불편하게 여기며 더 나아가 증오한다면 '인간의 인간으로부터의 소외'다.

이는 비단 비정규직 노동자의 노동에 국한되는 일이 아니다. 정규직이나 전문직 사람들도 큰 차이가 없다. 한국의 한 언론사에서 활동하는 기자를 상정해 보자. 그가 작성한 뉴스가 '데스크'에 의해 첨삭되어 애초의 기사와 전혀 달리 보도된다면 명백한 노동 생산물로부터의 소외다. 그가 뉴스를 만드는 과정에서 끊임없이 자신이 몸담고 있는 언론사의 편집방침에 아무런 이의도 제기하지 못하고 따라야 한다면 생산 활동으로부터의 소외다. 부당한 통제에 맞서 언론 자유를 주장하려다가도 해직당할까 우려되어 침묵한다면 그때 뉴스 생산은 단지 먹고살기 위한 수단으로 전락한다. 유적 존재로부터의 소외다. 그렇게 보도된 뉴스가 많은 사람들의 현실 인식을 왜곡하거나 정의롭지 못한 권력을 대변할 때, 또 그로 인해 당사자들로부터 거센 비판을 받을 때 그것은 인간으로부터의 소외 아니겠는가.

마르크스는 자본주의에서 노동의 소외가 보편화하고 있기에 그것을 넘어선 새로운 사회를 제안했다. 물론, 노동의 소외를 극복한 사회를 이루기는 쉽지 않다. 마르크스 사상을 구현하려고 혁명을 일으킨 나라들에서도 노동의 소외는 해결되지 못했다. 1917년 러시아 혁명으로 건설된 소련(소비에트사회주의공화국연방)에서 노동자들은 혁명을 이끈 레닌 사후에 스탈린으로 상징되는 공산당의 지시와 관료적 통제 아래 놓여 노동의 소외를 온전히 극복하지 못했다. 그 극단적 형태인 조선민주주의인민공화국은 더 말할 나위 없다.

다만 소련식 실험이 붕괴됐다고 해서 노동의 소외를 벗어나려는 모든 가능성이 사라진 것은 아니다. 실제로 주어진 조건 속에서 조금이라도 소외를 극복하려는 시도들이 끊임없이 이어져 왔다.

우리가 20세기를 경험했듯이 마르크스의 기대와 달리 새로운 사회의 객관적 조건을 갖춘 선진 자본주의 국가들에서 혁명은 일어나지 않았다. 하지만 그렇다고 선진 자본주의 체제에서 일하며 살아가는 노동자들이 모두 자본의 논리에 순응했던 것은 아니다. 첫 노동계급의 혁명으로 불리는 러시아의 길을 걷지는 않았지만, 자본주의 체제 안에서 노동시간을 단축하고 노동자들의 권리를 높이기 위한 싸움을 줄기차게 벌여 왔다. 그 결과 마르크스가 살았던 19세기의 독일과 프랑스, 영국 자본주의와 견주면 자본주의 체제에 적잖은 변화가 있었다. 이를테면 북유럽 민중들이 20세기에 이룬 복지국가는 마르크스가 살고 있었던 자본주의의 살풍경과는 크게 다르다.

자본의 논리를 넘어서려는 시도가 비단 유럽에서만 일어난 것은 아니다. 1929년 대공황과 파시즘이 일으킨 세계대전의 충격 속에서 뉴딜 정책을 폈던 미국 대통령 프랭클린 루스벨트는 1944년 연두교서에서 '제2 권리장전'을 발표했다.

루스벨트는 "진정한 개인의 자유는 경제적 보장과 독립 없이는 존재할 수 없다"며 "신분이나 인종, 신조와 관계없이" 모든 사람이 누려야 할 권리들의 목록을 명토박아 발표했다.

1944년 1월의 루스벨트 대통령

프랭클린 루스벨트는 미국 역사상 유일무이한 4선 대통령이며, 대공황을 극복하기 위해 뉴딜 정책을 추진하였다. 루스벨트 대통령은 1944년 연두교서에서 "우리 시대에 특정한 경제적 진실이 자명한 것으로 받아들여지고 있기에 제2 권리장전 아래 모두를 위한 새로운 안정과 번영의 토대가 신분과 인종과 종교에 상관없이 마련될 것이다"라며 제2 권리장전을 발의했다. 모든 미국인은 인종에 상관없이 일자리, 임금, 의료, 교육 등의 권리를 갖게 한 것이었지만 루스벨트 대통령이 1년 뒤 세상을 떠나 통과되지 못했다.

- 유용하고 보수도 적절한 직업을 가질 권리
- 적절한 음식과 의류, 여가생활에 충분한 돈을 벌 권리
- 농민들이 작물을 기르고 팔아 남부럽지 않은 가족 생계를 꾸릴 권리
- 크고 작은 사업자들이 국내외에서 독점기업의 부당 경쟁이나 지배에서 벗어나 거래를 할 권리
- 모든 가족이 남부럽지 않은 집을 가질 권리
- 적절한 의료 보호와 건강을 누릴 권리
- 노후, 병, 사고, 실업 등의 경제적 공포로부터 적절히 보호받을 권리
- 좋은 교육을 받을 권리

루스벨트는 이러한 권리를 발표했지만 이듬해 4월 지병으로 급서하면서 제2 권리장전은 사문화되었다. 미국에서 구현되지 못한 '제2 권리장전'의 문제의식은 제2차 세계대전으로 폐허가 된 유럽 나라들에서 실현되었다.

따라서 소련과 동유럽 공산주의 체제가 붕괴한 뒤 '역사의 종말'을 선언하거나 '티나(TINA; There Is No Alternative, 다른 대안이 없다)'식 사고는 바람직하지 않을뿐더러 사실과도 맞지 않다.

자살 친화적 한국 경제

•• 앞서 자본주의와 시장경제는 다르다는 논리를 짚어 보았지만, 지구적 자본주의의 장밋빛 전망을 환상이라며 『가짜 여명(False

Dawn)』이라고 비판한 정치경제학자 존 그레이는 "민주주의와 자유시장은 동반자라기보다 경쟁자일 수밖에 없다"고 강조했다. 시장의 자유는 목적이 아니라 인간의 목적을 위해 고안된 것이라는 사실을 잊지 말아야 한다고 지적한 그레이는 "시장이 인간에게 복무해야지, 인간이 시장에 복무해서는 안 된다"고 단언했다.

여기서 우리는 자본주의 자체가 다양하다는 이론에 주목할 필요가 있다. '자본주의 다양성(VOC; Varieties of Capitalism) 이론'은 1980년대 미국의 레이건 정권과 영국의 대처 정권이 자본의 자유를 절대화하며 퍼뜨린 신자유주의 체제가 자본주의의 다양한 유형 가운데 하나라고 분석한다. 얼마든지 다른 자본주의가 있다는 주장이다. 학자들마다 자본주의 유형 분류의 핵심 기준이 조금씩 차이가 나고, 그에 따라 분류되는 국가들이 달라진다. 하지만 일반적으로 영미형 자유시장경제와 유럽형 조정시장경제 두 가지로 나눈다. 더 세분화하면 유럽형 조정시장경제를 대륙형 부문별 조정시장경제, 북유럽형 전국적 조정시장경제, 남유럽형 조정시장경제 모델로 나눈다. 구분하는 기준은 노사관계, 직업훈련과 교육, 기업지배구조, 기업 간 관계, 조정 형태 들이다.

우리가 살고 있는 한국 자본주의는 헌법으로만 보면 제119조와 제23조에서 볼 수 있듯이 유럽형 조정시장경제에 가깝지만, 실제 현실로 보면 영미형 자유시장경제의 극단적 형태다. 한국 경제는 OECD 국가들과 견주어 뚜렷하게 낮은 공공 사회복지비, 높은 부패지수, 낮은 정부신뢰도, 사회구성원들 사이의 낮은 신뢰도, 낮은 노조조직률의 특징을 지니고 있다. 그 결과, 노동시간은 가장 길고, 삶의 만족도는 낮고, 산재사망률과 자살률은 세계 1위다.

심지어 한국 경제의 성격을 "자살 친화적 성장"으로 규정하는 학자들도 있다. 1인당 GDP가 올라가면 자살률이 하락하는 게 보편적 현상이지만 한국은 두 지표가 나란히 상승해 왔다. 그렇다면 자살 친화적 성장경제인 한국 자본주의와 가장 대조적인 북유럽 모델은 어떻게 가능했을까.

학계에선 가장 큰 동력으로 '노사정 협치[6]'를 꼽는다. 스웨덴을 비롯한 북유럽형 경제 모델만이 아니라 독일을 비롯한 대륙형 경제 모델도 근간에는 노동자와 사용자(자본가), 정치권 사이의 협치가 자리 잡고 있다.

여기서 문제의 핵심은 '노사정 협치'를 어떻게 만들어냈느냐에 있다. 노사정 협치가 현실로 작동할 수 있으려면, 기업 경영에서 노사공동결정을 제도적으로 보장하고 정치에서 노동자에 기반을 둔 정당이 집권까지 할 수 있을 정도로 강력해야 한다.

하지만 한국 경제는 노사공동결정제도는 물론, 노동자에 기반을 둔 정당이 국회 교섭단체 의석(20/300석)조차 가진 경험이 없다. 바로 그렇기에 '자살 친화적 경제'가 지금도 굴러가고 있다. 경제 모델이라 불리는 자본주의 유형은 노동자의 힘이 어떤가에 따라 달라질 수 있다. 노동의 힘이 강해지는 첫 걸음이 바로 노동자의 교양이다.

노동자가 자신이 노동자라는 사실을 정확히 인식하고 경제 모델을 얼마든지 바꿀 수 있다는 지식을 갖추는 것이 그것이다.

경제 민주화가 구현된 경제의 모습은 '민주경제'로 개념화할 수 있다. 민주경제론의 뼈대는 '노동주권'이다. 노동주권은 노동의 자기실현 권리와 노동자의 직접 경영이 이뤄지는 경제 모델이다. 요컨대 '민중의 자기 통치'라는 민주주의 철학에 근거한 민주경제는 '민중이 주체가 된 경제'를 의미하며 민중의 창조력을 경제발전의 동력으로 삼는 경제체제다.[7]

경제 민주화로 민주경제를 뿌리내리려면 노동자의 지적 성숙, 곧 노동자의 교양이 일차적 과제다. 교양을 갖춘 노동자만이 '자살 친화적 경제'에 순응하지 않을 수 있기 때문이다. 자본주의이니까 어쩔 수 없다는 순응적 삶은 자본주의 다양성 이론이나 자본주의와 시장경제가 다른 개념이라는 논리에 근거하면 전혀 정당성이 없다.

근대를 연 과학혁명과 과학적 방법론
산업혁명의 등장과 과학적 탐구
4차 산업혁명과 과학정신

과학

아는 것은 유한하고 모르는 것은 무한하다.
지적으로 우리는 상상할 수 없을 정도로
넓은 바다 한가운데 있는 작은 섬 위에 서 있다.
모든 세대에 걸쳐 우리가 해야 할 일은
조금이라도 더 많은 땅을 개척하는 것이다.

생물학자 토마스 헉슬리

근대를 연 과학혁명과
과학적 방법론

우주와 역사, 경제를 짚은 지금까지의 서술은 이미 지상의 삶을 마감했거나 살고 있는 수많은 사람들이 이룬 과학적 성과에 근거했다. 과학이 없었다면, 나의 우주, 역사, 경제에 대한 이해는 공상적 수준이나 일방적 주장에 그쳤을 가능성이 높다.

과학이라면 으레 자연과학자들의 연구로 치부하는 사람들이 아직도 다수이지만, 과학은 인류가 역사를 열어 가며 벼려낸 유용한 무기다. 과학이 없었다면 인류가 어떻게 지구를 벗어나 달에 착륙할 수 있었겠는가와 같은 원론적 이야기가 아니다. 우리의 일상에 이미 과학은 깊숙이 들어와 있다. 지금 이 글을 쓰고 있는 서재는 산 중턱에 있는 아파트의 20층 꼭대기다. 과학에 근거한 공학이 없었다면 인간이 거주하기 불가능한 높이다. 늘상 쓰는 컴퓨터와 인터넷 또한 과학이 없었다면 등장하지 않았을 것이고 일터인 대학으로 출근할 때 타는 지하철도 과학의 산물이다.

그럼에도 과학에 촉촉이 젖은 일상을 살아가는 대다수 사람들이 정작 과학의 본성을 정확히 알지 못한다. 이른바 '4차 산업혁명'을 이루려면 대학에서 과학에 대한 교양교육이 필요하다는 과학자들의 주장이 뒤늦게 신문과 방송에 소개될 정도다.

근대사회를 연 과학혁명

•• 과학을 뜻하는 영어 'science'의 어원은 어떤 사물을 '안다'는 뜻의 라틴어 'scire'다. '학' 또는 '학문'과 같은 뜻이다. 어원으로만 본다면 과학은 모든 아는 것이다. 과학의 개념적 정의는 한마디로 줄일 때 '체계적 지식'이다. 좀 더 '과학'적으로 정의하자면, '아무도 반증(反證)을 하지 못한 확고한 경험적 사실을 근거로 한 보편성과 객관성이 인정되는 지식의 체계' 또는 '어떤 가정 위에서 일정한 인식 목적과 합리적인 방법에 의해 세워진 광범위한 체계적 지식'을 이른다. 다만, 자연을 연구하는 방법과 그를 통해 얻은 과학지식이 축적되어 왔기에 좁은 의미로 자연과학과 같은 뜻으로 쓰일 뿐이다.

독일에선 학문(Wissen)과 구별해 과학(Wissenschaft)을 철학·종교·예술과 대립되는 개념으로 쓴다. 독일어에서도 과학은 자연과학에 그치는 것은 아닌 셈이다. 자연과학 외에도 정치·경제나 심리 현상을 다루는 과학들이 있다.

학자에 따라서는 전근대사회와 근대사회를 가르는 가장 큰 전환점으로 유럽에서 일어난 '과학혁명'을 꼽는다. 과학이 근현대사회를 여는 열쇠였다고 판단하기 때문이다.

과학혁명(Scientific Revolution)은 천문학에서 시작되었다. 코페르니쿠스가 지구 아닌 태양을 중심에 둔 우주 이론을 발표한 1543년부터 17세기 말까지 물리학, 천문학, 생물학, 인체해부, 화학에서 진행된 혁신적 변화를 '과학혁명'이라 부른다.

코페르니쿠스는 프톨레마이오스의 천문학이 등속 원운동의 원칙에 어긋날 뿐만 아니라, 조화와 단일성이 부족하다고 판단했고, 지구와 태양의 위치를 바꾸어 지구가 태양의 주위를 도는 행성으로 새로운 체계를 만들었다. 문자 그대로 '코페르니쿠스적 전환'이다. 1543년 코페르니쿠스가 출간한 책 『천구의 회전에 관하여』는 이미 1과에서도 언급했듯이 지구를 세상의 중심으로 여겨온 인류에게 큰 충격이었다.

여기서 코페르니쿠스가 어떻게 천동설의 오랜 고정관념을 넘어설 수 있었는지 찬찬히 짚어 볼 필요가 있다. 먼저 코페르니쿠스 개인의 폭넓은 교양이다. 젊은 시절 코페르니쿠스는 광범위하게 독서하며 고대 그리스를 더 많이 알고 싶어 그리스어를 배웠고, 플라톤을 비롯한 그리스 철학과 수학을 공부했다.

그리스 철학자들이 남긴 책들을 살펴보던 코페르니쿠스는 기원전 270년에 지구가 태양의 주위를 공전한다고 주장한 아리스타르코스의 글을 발견했다. 코페르니쿠스 못지않게 엄청난 독서가였던 아리스타르코스는 당시 40만 권의 장서를 지녔던 알렉산드리아 대도서관의 사서로 일하고 있었다. 지구가 자전하고 공전한다는 가설을 세우며 태양 중심설을 주장했는데 동시대 사람들로부터 신들을 경배하지 않는다며 배척받았다. 그 뒤에도 천체의 활동을 주의 깊게 관찰한 사람들이 간헐적으로 지동설을 주장해 왔다. 코페르니쿠스는 그리스 저작들을 통해 사람들이 당연하게 받아들인 천동설을 의심할 수 있었고, 그가 공부한 수학은 지동설을 체계적으로 주장할 수 있도록 뒷받침해 주었다.

그런데 과학자 코페르니쿠스가 그리스 철학에 눈길을 돌리게 한 시대적 배경도 주목할 필요가 있다. 기독교가 사상과 표현의 자유를 억압했던 유럽의 중세와 달리, 당시 이슬람 세계는 학문의 자유를 적극 보장하고 있었다. 유럽이 문화적 지체 상태에 있던 중세 시대에 아랍의 바그다드는 육상과 해상 실크로드의 중심지로 커갔다. 이미 8세기에 이슬람 지도자는 '평화의 도시'라는 뜻의 바그다드[8]를 문화 도시로 만들고자 '지혜의 집'으로 불리는 거대한 도서관을 건설했다. 인도의 산스크리트어, 페르시아어, 그리스어 유산들을 모두 아랍어로 번역했고 중국과도 소통했다. 바그다드 골목마다 마을 도서관과 도서 시장이 들어섰다. 유클리드·아르키메데스·아폴로니오스의 수학, 프톨레마이오스의 천문학, 히포크라테스·갈레노스의 의학 책들이 번역되고 인도의 천문학과 수학도 들어왔다.

기독교 국가들이 이슬람을 상대로 야만적 학살과 약탈을 저지른 '십자군 전쟁'의 전혀 의도하지 않는 결과로 유럽이 이슬람의 학문과 예술을 만나면서 르네상스와 계몽주의, 과학혁명의 씨앗이 뿌려졌다. 이슬람이 없었다면, 유럽의 근세가 없었다고 분석하는 과학자들의 연구도 많이 나와 있다.

코페르니쿠스의 전환에서 시작한 유럽의 과학혁명은 1687년 뉴턴의 『자연철학의 수학적 원리』 출간으로 일단 매듭을 짓는다. 뉴턴은 '만유인력 이론'이 상징하듯이 단일한 원리, 단일한 법칙으로 우주의 모든 현상을 풀이해냄으로써 과학혁명을 완수했다는 찬사를 받아 왔다. 두 저작 사이에 150년 남짓 전개된 과학혁명의 가장 중요한 특징은 지식을 얻는 방법론의 혁명적 전환이다.

베이컨의 우상론

•• 17세기 영국의 철학자 프랜시스 베이컨은 그때까지의 학문을 단순히 자연에 대한 예단에 지나지 않았다고 비판했다. 베이컨의 우상론은 당시만이 아니라 지금도 막연한 예단으로 살아가는 사람들에게 새겨 볼 가치가 충분하다. 베이컨이 말한 '우상'은 예단으로 나타나는 현상으로 "인간의 정신 속에 있는 편견"을 이른다. 베이컨은 인간 지성이 나아가야 할 길을 제시한다며 출간한 『신기관』에서 다음과 같이 '선언'했다.

"인간의 지성을 고질적으로 사로잡고 있는 우상과 그릇된 관념들은 인간의 정신을 혼미하게 할 뿐만 아니라, 우리가 얻을 수 있는 진리조차도 얻을 수 없게 만든다. 그러므로 인간이 모든 가능한 수단을 동원해 용의주도하게 그러한 우상들로부터 자신을 지키지 않는 한, 학문을 혁신하려고 해도 곤경에 빠지고 말 것이다."

이어 베이컨은 우상을 네 가지 유형으로 나누어 차례차례 비판했다. 먼저 종족의 우상이다. 종족의 우상은 인간의 주관적 성향에 관한 것으로 "인간성 그 자체에, 인간이라는 종족 그 자체에 뿌리박고 있는 것"이다. 베이컨은 '인간의 감각이 만물의 척도'라는 명제를 예로 들며 그것은 인간의 모든 지각 감각이든 정신이든 이 우주를 준거로 삼는 것이 아니라 인간 자신을 준거로 삼기 쉽다는 것을 여실히 보여 준다고 지적했다. 표면이 고르지 못한 거울은 사물을 그 본모습대로 비추는 것이 아니라 사물에서 나오는 반사광선을 왜곡하고 굴절시키는데, 인간의 지성이 꼭 그와 같다고 경계했다.

동굴의 우상은 모든 인간이 지닌 한계(종족의 우상)와 달리 각 개인이 가지고 있는 우상이다. 일찍이 플라톤은 동굴에 갇힌 인간은 벽에 비추인 그림자, 곧 실재 세계의 가상을 진리로 여긴다고 지적했다. 베이컨은 동굴 속에 갇힌 인간이 자신들이 본 그림자만을 진리라고 여긴다면서, 모든 인간은 각자의 우상, 곧 동굴의 우상을 가진다고 주장했다. 각 개인은 자연의 빛(light of nature)을 차단하거나 약화시키는 동굴 같은 것을 제 나름으로 가지고 있는데 그것은 '개인 고유의 특수한 본성'에 의한 것일 수도 있고, 교육이나 다른 사람에게 들은 이야기에 의한 것일 수도 있고, 그가 읽은 책이나 존경하고 찬양하는 사람의 권위에 의한 것일 수도 있고, 첫인상의 차이에 의한 것일 수도 있다. 그러므로 인간의 정신은 각자의 기질에 따라 변덕이 심하고, 동요해 우연에 좌우된다고 지적했다.

시장의 우상은 사람들 사이의 접촉에서 일어난다. 사람들 간의 교류는 언어 이용에서 나타나기에, 이 우상은 '언어에 의한 오류'다. 인간이 의사소통을 하는 언어는 일반인들의 이해 수준에 맞추어 결정되기 때문에 언제든 잘못 만들어질 수 있다. 더러는 학자들이 자신을 방어하고 보호할 목적으로 새로운 정의나 설명을 만들기도 한다고 비판한 베이컨은 언어가 "모든 것을 혼란 속으로 몰아넣고, 인간으로 하여금 공허한 논쟁이나 일삼게 하고, 수많은 오류를 범하게 한다"고 판단했다. 그래서 시장의 우상을 "모든 우상 가운데 가장 성가신 우상"으로 꼽았다. '사람들은 자신의 이성이 언어를 지배한다고 믿지만, 실상 언어가 지성에 반작용하여 지성을 움직이기도 한다'는 언술은 20세기 언어철학을 선구하고 있다.

극장의 우상은 학자들이 만들어 놓은 기존의 학문적 체계를 맹신하면서 발생한다. 베이컨은 학자들 사이에서 받아들여지고 있는 학문적 체계란 많은 학자들에 의해서, 그리고 어느 정도의 시간이 흐르면서 형성되고 인정된 것이라고 인정한다. 그래서 그 학문 체계에 대한 믿음은 자연스럽다고 볼 수 있다. 하지만 무작정 무비판적으로 학문 체계를 믿을 때 극장의 우상이 된다. 기존의 학문 체계를 따르더라도 이에 대한 충분한 검토와 심사숙고를 통해 이루어져야 한다는 뜻이다.

베이컨에게 "지금까지 받아들여지고 있거나 고안된 철학 체계들은, 생각건대 무대에서 환상적이고 연극적인 세계를 만들어내는 각본과 같은 것"이다. 현재의 철학 체계 혹은 고대의 철학 체계나 학파만 그런 것이 아니다. 그와 같은 각본은 수없이 만들어져 상연되고 있다고 단언한다. 베이컨이 든 각본의 목록에는 고대 철학과 그 시대의 철학만이 아니라 "구태의연한 관습과 경솔함과 태만이 만성화되어 있는 여러 분야의 많은 요소들과 공리들"까지 들어 있다.

과학적 방법론

•• 베이컨은 왜 과학적 연구가 필요한가를 에두르지 않고 거론한다. "사람들은 대체로 적은 것에서 너무 많은 것을 이끌어 내거나, 많은 것에서 극히 적은 것만을 이끌어내어 그들 철학의 토대를 세우기 때문에, 그 어느 쪽이든 그들의 철학은 실험과 자연사의 기초가 박약하고, 불충분한 소수의 사례만으로 판단을 내리게 된다"는 것이다.

전통적인 학문이 지닌 종족, 동굴, 시장, 극장의 우상을 피하면서 지식의 새로운 방법으로 베이컨이 제시한 방법이 실험과 귀납이다.

추상적 사변에 탐닉해 온 전통적 공부를 벗어나 실험을 통해 개개의 사례를 비교하고 고찰해서 자연의 일반 법칙을 찾아내는 귀납법을 제안하는데, 바로 과학이다. 귀납법으로 개념과 공리를 형성해야 우상들을 몰아낼 수 있다는 것이다. 베이컨이 참다운 지식에 도달할 수 있는 열쇠로 제시한 실험은 『신기관』과 함께 과학 방법론으로 정립되어 갔다.

실험은 먼저 사실들을 관찰하고, 이어 경험을 바탕으로 가설을 세운 다음에, 그 가설을 검증하기 위하여 실험(경험)으로 되돌아가는 연구 방법이다. 새로운 사실이 발견될 때 언제든지 수용할 수 있는 학문이 과학인 셈이다.

영국에서 베이컨이 실험과 귀납으로 과학 방법론을 제시할 때, 유럽 대륙에선 데카르트가 수학이야말로 엄밀한 논증적인 지식이라며 종래의 형이상학과 의학, 역학, 도덕을 포함하는 학문 전체를 새로운 방법으로 정립하고 나섰다.

데카르트는 진리를 확실하게 인식하려는 인간에게 허용된 길은 명증적 직관과 필연적 연역 이외에는 없다며 모든 명제를 자명한 공리로부터 연역해 내는 기하학적인 방법을 철학에 도입했다. 이를 통해 아리스토텔레스 이후 2,000여 년 동안 지속되어 온 목적론적 자연관을 대체하는 기계론을 제시했다. 우주 공간이 모두 물질과 그 운동으로 이루어져 있으며, 미시 물질의 운동에 대한 이해를 통해 거시적인 우주 전체의 운동을 설명할 수 있다는 것이다.

과학혁명은 전승된 지식이나 새로 발견된 것들을 엄밀한 검증에 회부해 사실 여부를 따지면서 자기 길을 열어 갔다. 이를테면 과거에는 단지 일어나거나 행해진 것을 '사실(fact)'이라 했지만, 그것이 정말 일어나고 행해졌는지 검증하는 작업이 중시되었다. 베이컨의 귀납이든 데카르트의 연역이든 모든 지식은 '확실성'을 추구했다.

과학적 방법론이 정립되면서 지식은 빠르고 체계적으로 축적되어 갔다. 지구를 중심에 둔 천문학이 태양을 중심에 둔 천문학으로 바뀌면서 우주과학은 활력을 얻었다. 지구의 공전궤도를 둥근 원으로 제시한 코페르니쿠스의 오류도 타원으로 수정되었다.

비단 천문학만이 아니다. 자연본성(nature)으로 천체의 운동을 설명하던 방식은 법칙을 찾아 설명하는 방식으로 나아갔다. 법칙은 현상들 사이의 필연적인 관계로 예견을 가능하게 한다. 법칙은 모든 현상을 수학의 그물로 연결시킴으로써 우주에 대한 이해를 높여 갔다. 본성이라는 이름 아래 별개로 인식되어 온 동맥과 정맥도 심장을 중심으로 한 혈액순환으로 파악되었고, 체액의 불균형으로 질병을 설명하던 의학체계도 해부학의 발전에 힙 입어 전환점을 맞았다.

과학적 방법론에 근거해 과학적 성과들이 쏟아지면서 그에 근거한 기술이 급속도로 발전해 갔다. 과학이 기술에 활력을 불어넣으면서 진전된 기술은 망원경과 현미경을 비롯한 새로운 '연구 무기'를 과학자들에게 제공함으로써 과학과 기술이 선순환을 이루고 빠르게 발전할 수 있었다.

과학혁명은 지식의 목적에서도 큰 전환을 불러왔다. 이제 인식한다는 것은 대상에 대한 인간의 지배와 이용을 늘리는 가장 유망한 기획이 되었다. 과학혁명에 담긴 '지식 – 지배의 논리'는 당시 세력화해 가던 상공인들의 환영을 받았다. 과학혁명은 상공인들이 왕족과 귀족 중심의 혈연에 기반 둔 신분제사회를 부정하는 과정에서도 유용한 무기였다.

요컨대 과학혁명을 통해 유럽 백인들은 우주를 바라보는 관점에서 자연을 이해하는 방식까지 혁명적 변화를 일궈냈다. 전통학문과 달리 과학은 세계를 바꿀 힘으로 자리 잡았고 실제로 세계사의 경제적 기반에 대전환을 이루었다. 과학이 기술로 이어지며 산업혁명이 일어났기 때문이다.

산업혁명의 등장과
과학적 탐구

16세기와 17세기에 유럽에서 전개된 과학혁명은 18세기와 19세기에 산업혁명을 일궈냄으로써 유럽의 백인문명이 지구촌을 지배하는 결정적 전환점을 마련했다. 18세기 중엽 영국에서 시작된 산업혁명은 농업 및 가내 수공업 경제를 기계에 바탕을 둔 공장제 공업으로 바꿔간 과정이다. 종래의 느리고 단속적이었던 기술 발전 유형을 과학혁명이 급격하고 지속적으로 바꿨기에 가능한 일이었다.

세계사를 조망하면 과학혁명 이전까지 서양의 사회·경제적 발전은 동양보다 뒤처져 있었다. 과학혁명에서 산업혁명으로 가는 과정은 세계사의 지도를 바꾸는 격동기였다. 서로마제국이 몰락한 이후 동양보다 후진적이었던 서양이 산업혁명을 통해 세계를 지배하게 되는 밑절미에는 자연을 바라보는 태도의 변화가 깔려 있다.

과학혁명에서 산업혁명으로

•• 16세기를 맞을 때까지 유럽인들은 자연이 말 그대로 '자연스러운 상태'에 있을 때에 본연의 모습을 드러낸다고 생각했다. 따라서 자연에 개입해 들어가는 실험은 자연 이해에 도움을 줄 수 없을 뿐만 아니라, 자연을 인위적 효과로 오염시킴으로써 자연을 '비자연'으로 만들 우려가 있다고 판단했다. 아리스토텔레스의 철학에 기반을 두고 자연을 있는 그대로 둔 채 그 내적 속성이 어떻게 발현되는가에 대한 관찰이 자연을 탐구하는 방법이었다.

하지만 실험을 강조한 베이컨에게 자연은 사뭇 달랐다. 베이컨은 자연현상을 일상적으로 자연에서 일어나는 현상, 자연의 실수나 돌연변이로 나타난 현상, 인간이 자연에 노력을 가해 만들어낸 현상 세 범주로 나누었다. 베이컨은 학자들이 첫째 부류만을 자연으로 여기고 나머지 현상, 특히 셋째 부류를 소홀히 다뤄왔다고 지적했다. 사람이 어떤 자극을 받기 전까지는 그 사람의 성격을 잘 알 수 없다는 경험을 통해 베이컨은 "자연이 자유로운 상태에 있을 때에는 그 본성과 원리가 실험을 통해 인위적 자극을 가할 때만큼 완전하게 드러나지 않는다"고 판단했다. 따라서 자연에 내재된 법칙을 발견하려면, 실험기구로 베일에 감춰진 자연의 본모습을 들춰내야 한다고 결론 내렸다.

베이컨이 제시한 실험적 연구방법 이후 유럽에서 과학과 기술은 서로 섞여 발전해 나갔다. 자연을 통제해 그로부터 실용적 효과를 얻을 수 있다는 생각이 실험적 과학기술 활동의 확산과 더불어 산업혁명의 튼실한 기반을 형성해 갔다. 경험적으로 유용한 종류의 지식이 체계적으로 축적되고 이러한 지식을 기반으로 지속적인 기술발전, 곧 산업혁명을 일궈냈다.

당시 세력이 커가던 상공인들은 과학혁명에서 산업혁명으로 이어지는 흐름을 적극 유도했고 이윤을 추구하며 자신들의 부를 축적해가는 데에 활용했다. 유용한 지식을 쌓아가고 그 지식들을 기반으로 기술 개발을 이뤄내는 과정에서 또 다른 지식을 축적하는 선순환 바퀴가 갈수록 빠르게 굴러갈 수 있었던 밑절미에는 자본의 이해관계가 철도의 선로(레일)처럼 깔려 있었다.

1760년대에 영국과학진흥협회의 지원을 받은 공학기술자 제임스 와트가 증기기관을 실생활에 가능하도록 만들면서 불붙은 산업혁명은 영국을 '해가 지지 않는 제국'으로 만들었고, 와트 자신도 전혀 예상하지 못할 만큼 세계사를 바꿔갔다. 20세기 들어 학자들은 1760~1840년에 걸친 그 변화를 1차 산업혁명으로 명명하고 증기기관과 철도를 통한 기계혁명의 확산으로 성격을 규정했다.

증기기관은 철길만이 아니라 뱃길에도 획기적 변화를 불러왔다. 증기선은 바람이 불지 않아도 언제든지 강을 거슬러 올라갈 수 있었기에 그때까지 범선으로는 도저히 들어갈 수 없었던 아프리카와 아시아의 광활한 대륙의 강들을 탐험하고 주요 도시를 정복하는 데 유용했다. 유럽의 여러 나라들이 앞다퉈 바다로 띄운 증기선은 백인들이 다른 나라와 지역을 침략하는 발판이 되었다. 증기선을 타고 다른 나라에 들어간 백인 남성들이 저지른 야만을 상징적으로 보여 준 사건이 이른바 저들이 '호텐토트의 비너스'라는 이름으로 흑인 여성 사르키 바트만을 철저히 유린한 범죄다.

1789년 남아프리카의 코이족의 딸로 태어난 그녀는 10대 후반 강가에서 자신의 약혼식 축제를 벌이던 날에 백인들에게 납치되었다. 백인들은 그녀의 몸을 이용해 돈을 벌 의도로 영국 런던으로 끌고 가 '아프리카 희귀 인종 호텐토트의 비너스'가 왔다고 선전했다. 백인 남성들은 그녀의 큰 엉덩이와 세간에 떠돌던 '긴 음순'을 들먹이며 아프리카 흑인들이 원숭이와 다르지 않다는 증거라고 떠들어 댔다. 영국 곳곳에서 전시된 그녀는 프랑스까지 옮겨가 돈을 내고 들어온 구경꾼들 앞에 알몸으로 세워졌다.

런던에서 그랬듯이 파리에서도 그녀가 '전시'된 곳은 '엉덩이와 음순'을 보기 위해 눈에 불을 켠 백인 남성들로 북새통을 이뤘다. 그녀가 백인 남성들의 조롱과 학대 속에 스물여섯 살의 나이로 숨지자 당시 프랑스의 저명한 과학자는 시신을 해부학 실험실로 가져갔다. 뇌와 성기를 적출해 유리병에 담고 '과학'의 이름으로 1974년까지 100년 넘게 박물관에 전시했다.

키 작은 '부시맨'을 가리키는 경멸적 표현으로 부른 '호텐토트'

호텐토트의 비너스

아프리카 여성 사르키 바트만은 백인에게 납치되어 알몸으로 전시되었다. 사르키가 프랑스로 가기 전에 영국 신문에 실린 광고 문안은 당시의 풍경을 생생하게 증언해 준다. "호텐토트의 비너스가 몇 주 뒤에 이 거대도시 런던을 떠납니다… 그녀의 외형과 몸매는 유럽에서 본그 누구보다도 특이합니다. 아니, 어쩌면 지구상에서 최고일지도 모릅니다. 아직까지도 이 비범하고 놀라운 존재를 보지 못한 사람들은 꼭 와서 보십시오. 그렇지 않으면 사르키가 떠난후 자신의 호기심을 채우지 못한 일로 땅을 치고 후회할 것입니다."

에 '비너스'를 붙여 한 젊은 여인을 잔혹하게 능멸한 이 사건은 백인 남성들이 주도한 제국주의를 상징한다. 실제로 백인 남성들은 '인종적 우월성'을 내세워 제국주의 침략의 정당성을 주장했다.[9]

무기의 발명과 제국주의의 확산

•• 과학과 기술을 기반으로 경제성장을 구가하던 유럽의 백인 남성들은 해외로 팽창해 광대한 제국을 건설해 갔다. 침략의 강력한 '도구'는 증기선과 함께 '첨단무기'였다. 산업혁명은 수천 년 동안 이어진 지구촌 전장의 풍경을 단숨에 바꿨다. 칼과 창은 물론, 일일이 실탄을 재장전하는 소총의 시대에 마침표를 찍은 첨단무기도 과학과 산업혁명의 힘이었다. 미국의 발명가 하이럼 맥심이 돈을 벌기 위해 1884년에 발명한 기관총이 그것이다. 유럽의 군대는 이미 1840년대에 소총으로 무장했지만, 연속발사가 가능한 기관총은 백인 남성들이 지구를 정복해 나갈 때 결정적 무기였다.

맥심은 소총을 쏠 때의 반동 에너지를 이용해 소비된 탄약을 방출하고 다음 탄약을 집어넣는 방식으로 세계 최초의 기관총을 제작하자마자 영국 육군 앞에서 시현해 보였다. 1분에 500발을 발사하는 기관총을 영국은 곧바로 사들였고, 1893년 아프리카 마타벨레 전쟁에서 최초로 실전에 배치했다. 영국군 50명은 4정의 기관총으로 마타벨레의 용감한 전사 5,000명을 격퇴했다. 맥심 기관총은 삽시간에 백인 국가들로 퍼져 갔다.

첫 실전에서 가공할 힘을 입증한 기관총은 이듬해 동아시아의 조선에서 불을 뿜었다. 썩어 문드러진 조선 왕조에 맞서 신분제 타파와 토지개혁을 요구한 동학농민군이 서울로 진격하는 과정에서 우금티 앞에 섰을 때 10만 명이 넘었다. 일본 자료에도 당시 농민군의 깃발은 12~16킬로미터에 걸쳐 있었다. 우금티에 포진한 일본군과 조선의 관군은 숫자로는 절대열세였다. 친일 개화파 장교들이 이끄는 관군과 일본 침략군을 다 합쳐도 4,000명 안팎이었다.

하지만 일본군은 낙관했다. 미국에서 수입한 기관총을 보유하고 있었기 때문이다. 실제로 죽창을 들고 우금티로 올라오는 농민군의 용기는 그 누구도 따를 수 없었지만 기관총 앞에 수만 명이 학살당해 피가 강물을 이루었다. 서양의 산업혁명이 낳은 기관총은 그렇게 조선 민중이 자주적으로 열어 가려는 새로운 사회의 길을 피의 강물로 가로막았다.

기관총의 위력은 1899년 아프리카에서, 불과 320명의 프랑스 군이 차드 군인 12,000명을 사살한 '전과'에서 극명하게 확인됐다. 역사를 톺아보면, 기관총으로 무장하기 전까지 백인들은 전장에서 쉽게 이기지 못했다.

유라시아대륙을 석권하며 유럽 동부까지 진격한 몽고군은 논외로 하더라도, 19세기 전반기에 아프가니스탄을 침략한 영국군은 5,000여 명이 전사하며 패주했고, 기관총 발명 직전인 1879년에도 남아프리카 줄루족에 패해 영국군 1,329명이 죽었다. 백인 남성들은 결국 기관총을 사용하면서 제국주의를 형성해 갔으면서도 그 결과를 '인종적 우월성'으로 포장하고 선전했다.

첨단무기를 앞세운 제국주의 경제력은 1880년대부터 전기와 석유를 이용한 대량 생산과 중화학공업이 발전하면서 한층 팽창했다. 바로 2차 산업혁명이다. 1차 산업혁명의 밑절미인 석탄과 증기력도 과거와 견주면 혁명적 힘이었지만, 전기력은 그와 비교할 바가 아니었다. 1879년 에디슨이 발견한 전기의 힘은 압도적이었고 유연했다. 전기는 언제든 어디서든 쓸 수 있고 열과 빛을 주었으며 대형 기계를 움직였다. 기계화된 대공장과 대량 생산이 나타날 수 있었던 이유다. 철강이 생산되면서 제국주의 국가들의 도시에는 마천루가 올라가기 시작했다.

과학의 진전

•• 과학혁명과 산업혁명에 근거해 유럽인들은 장밋빛 20세기를 전망했지만, 실제 20세기 전반기는 제1차 세계대전으로 1,500만 명의 인간을, 제2차 세계대전으로 최소 5,000만 명에서 최대 1억 명이 사람을 '도살'하는 광기를 드러냈다.

과학혁명의 선구자들은 전혀 의도하지 않았고 상상도 하지 못한 결과지만, 20세기 전반기에 일어난 1·2차 세계대전은 1·2차 산업혁명을 거치며 제국주의 단계에 이른 자본주의 체제가 낳은 인류사적 참극이었다. 더 많은 이윤을 추구하려는 자본의 열망은 시장을 확보하려는 군사적 팽창주의로 나타났다.

'군산복합체(Military Industrial Complex)'라는 말 자체는 1960년대에 나왔지만, '군부와 대기업이 공동의 이익을 위하여 서로 의존하는 체제'는 유럽 각국이 전 세계를 상대로 식민지 쟁탈전을 전개하던 1880~1890년대 제국주의 국가들인 영국·프랑스·독일에서 처음 나타났고, 뒤이어 미국과 일본에서도 거대 군수 산업체들이 생겨났다.

물론, 16~17세기 과학혁명과 18~19세기 산업혁명의 역사적 귀결이 20세기의 두 세계대전이라고만 본다면 균형 잃은 주장일뿐더러 사실과도 맞지 않다. 과학혁명과 산업혁명은 인류 역사에 큰 진전을 가져왔기 때문이다. 상공인들이 세계사에 어떤 기여를 했는가에 대해 가장 압축적인 설명은 다음과 같다.

"상공인들은 백 년도 채 못 되는 지배 기간 동안에 과거의 모든 세대가 만들어 낸 것을 다 합친 것보다 더 많고, 더 거대한 생산력을 만들어 냈다. 자연력의 정복, 기계에 의한 생산, 공업 및 농업에서의 화학의 이용, 기선에 의한 항해, 철도, 전신, 세계 각지의 개간, 하천 항로의 개척, 마치 땅 밑에서 솟은 듯이 방대한 인구. 이와 같은 생산력이 사회적 노동의 태내에서 잠자고 있었다는 것을 과거의 어느 세기가 예감이나 할 수 있었겠는가!"

_____ 어른의 교양

누구의 지적일까. 다름 아닌 칼 마르크스다. 마르크스는 역사 속에서 상공인들(초기에 그들은 중세 농노들과 달리 성[부르그] 안에서 살았다는 뜻에서 부르주아지로 불린다.)이 이룬 성과를 있는 그대로 평가했다.

생산력 해방만이 아니다. 베이컨이 제시한 네 가지 우상으로부터의 해방은 과학정신을 정립했고 천문학만이 아니라 물리학과 생물학, 화학에 이르는 학문의 세계를 다채롭게 열어 갔다. 특히 찰스 다윈의 진화론으로 인류는 다시 충격을 받았다.

코페르니쿠스의 대전환에서 가까스로 자부심을 추스른 인류에게 진화론은 인간이 포유류의 하나임을 깨닫게 해주었다. 진화론은 세포의 발견, 유전학과 함께 19세기 후반 생물학의 발전에 이정표를 세웠다.[10] 두 차례 세계대전의 참극을 빚은 20세기 전반기에 자연과학은 눈부시게 발전했고, 우주과학에서 아인슈타인의 성과는 물론, 생명과학에서도 생명의 신비 규명에 큰 진전을 이뤘다. 그 결과는 의학과 의술의 발달을 불러와 인간의 평균수명을 크게 늘렸다.

더구나 '확고한 경험적 사실을 근거로 한 보편성과 객관성이 인정되는 지식의 체계'로서 과학의 정립은 자연과학만이 아니라 사회과학으로 이어졌다. 사회에 대한 체계적 지식은 사람들이 자신이 살고 있는 사회를 보편적이고 객관적으로 이해하는 무기가 되었다.

사회에 대한 과학적 이해는 더 나은 사회를 만들려는 의지를 불러일으켰고, 두 차례 세계대전의 살육이 어디에서 비롯되었는가를 분석하는 과학적 탐구로 이어졌다.

제국주의와 자본주의에 대한 비판과 함께 사회주의와 민주주의에 관심이 크게 높아진 배경에는 사회에 대한 과학적 지식이 깔려 있었다.

4차 산업혁명과
과학정신

두 차례의 세계대전에서 동족 1억 명 안팎을 살상한 인류는 종전 이후 제국주의를 낳은 자본주의와는 다른 사회를 지향했다. 과학혁명을 뒷받침해 주고 산업혁명을 주도한 상공인들이 이끄는 자본주의 체제에 과학적 인식도 높아 갔다.

새삼스런 사실이지만 자본주의 사회에서 자본은 끊임없이 경쟁할 수밖에 없다. 이윤 추구가 목적인 자본이 다른 자본보다 더 많은 시장을 확보하려고 치열하게 경쟁하는 것은 필연이기 때문이다. 축적은 물론, 생산을 더 효율화하기 위해 자본은 이윤의 일부를 쉼 없이 투자할 수밖에 없다. 경쟁은 한 사회 안에서 끊임없이 불균등 발전의 폐해를 빚는다. 더구나 한 사회, 한 국가 내부에서만 일어나지 않는다. 자본의 증식 욕망은 출발부터 세계를 무대로 이윤 추구의 대상이 되는 지역을 끊임없이 넓혀 왔다.

자본주의가 발전하면서 경쟁의 결과로 자본이 집중되고 독점자본이 등장한다. 하지만 독점자본주의 단계에서도 경쟁은 멈추지 않고 멈출 수도 없다. 독점자본의 위치를 노리는 자본이 언제 어디서나 있기 때문에 경쟁은 더 과열되고 폐해도 그만큼 클 수 있다.

제국주의적 자본주의

•• 자본주의 세계를 '불균등 발전'으로 분석한 대표적인 과학적 저작이 레닌의 『제국주의론』이다. 그 뒤 불균등 발전은 경제학의 법칙으로 논의되어 왔다. 사전적 의미로 불균등 발전의 법칙(law of uneven development)은 "자본주의 사회에서 자본(기업)간, 생산 부문간, 국가 간의 발전이 불균등하게 진전되는 법칙"을 이른다.

레닌은 산업혁명을 거치며 영국에서 확립된 자본주의가 19세기 말부터 20세기 초 사이에 독점자본주의로 이행하면서 ① 생산과 자본 집적의 고도의 발전에 기초한 독점의 형성 ② 산업자본과 은행자본의 융합으로서의 금융자본의 출현과 금융과두제의 성립 ③ 상품 수출과 구별되는 자본수출의 역할 증대 ④ 국제 독점체에 의한 세계의 경제적 분할 ⑤ 열강에 의한 세계의 영토적 분할의 특징을 보인다고 분석했다.

레닌의 독점자본주의, 곧 제국주의 분석이 지닌 타당성은 세계대전의 참사를 통해 확인되었다. 카우츠키가 초제국주의(Ultraimperialism)론을 전개하며 제국주의 국가들 사이에 이해의 조정이 가능하다고 전망한 분석과 달리, 독점자본주의 국가들은 전쟁을 일으켜 수천만 명의 인간이 목숨을 빼앗긴 대재앙을 불러왔다.

제2차 세계대전이 끝나고 반전, 반제국주의 여론이 확산되면서 1945년 이후로는 열강에 의한 세계의 영토적 재분할이 전면으로 나타나진 않았다. 그 결과 레닌의 제국주의 이론은 현실 적합성을 점차 잃었다고 판단하는 경향이 지배적이었다. 실제로 자본주의의 최신 발전 단계를 '제국주의'로 규정한 레닌이 독점자본주의의 역사적 지위를 "기생적이고 부패한 자본주의"로 분석하고 "사멸하는 자본주의"라고 단언한 예측은 오늘날에 꼭 들어맞지는 않는다.

하지만 자본주의가 독점 단계, 제국주의 단계로 들어서면 경쟁이 국민국가의 경계를 넘어 세계적 규모로 벌어지고, 세계시장에서 자본 사이의 경쟁이 국가를 매개로 한 자본들의 경쟁으로 전개되면서 군사적 개입까지 서슴지 않는다는 명제는 여전히 유효한 과학이다.

미국 자본주의의 제국주의적 성격은 다름 아닌 미국 대통령과 미국을 대표하는 신문에서 확인할 수 있다. 제2차 세계대전 당시 서유럽 주둔 연합국 최고사령관으로 대통령이 된 아이젠하워는 1961년 1월 퇴임 연설에서 "미국의 민주주의는 새로운 거대하고 음험한 세력의 위협을 받고 있다. 그것은 군산복합체라고도 할 수 있는 위협"이라며 처음으로 '군산복합체'라는 말을 사용했다. 아이젠하워는 군산복합체를 경계하라고 경고했다.

아이젠하워가 고발한 군산복합체의 작동원리는 간명하다. 군부는 대기업 자본에 군사기술을 이전해 군수산업을 육성하고, 대기업은 군부에 병기를, 정부에는 정치자금과 세금을 제공하며, 정부는 해외시장을 개척하며 그곳에서 자국 기업을 보호한다. 이렇듯 미국의 정부·군부·기업은 묘한 관계로 얽혀 있어서 상하 양원 의원들은 자신이 속한 지역구의 군수업자들에게 더 많은 예산을 배정하려 한다. 따라서 미국의 군사비는 계속 증가하고, 군인들과 군수업자들의 유착 관계도 계속되어 군산복합체는 이미 미국 사회구조의 한 형태로 자리 잡았다는 것이 비판자들의 한결같은 견해이다.

군산복합체는 냉전 시대 내내 군비 경쟁에 전력하던 미국의 지배체제를 비판하는 용어로 주로 사용되었다. 세계 곳곳에서 일어나는 분쟁의 이면에는 군산복합체의 전쟁 음모가 숨어 있다는 것이다.

미국의 대표적인 보수적 지식인 프리드먼이 〈뉴욕타임스〉에 쓴 글에서도 군산복합체의 존재를 확인할 수 있다(1999년 3월 28일자). 프리드먼은 "세계화 과정의 지속은 우리 국익에 최우선의 과제"라며 "세계화는 곧 미국"이라고 단정 지었다. 이어 "시장의 보이지 않는 손은 보이지 않는 주먹 없이는 작동할 수 없다. 맥도널드는 F - 15 제조업체인 맥도넬 더글러스(McDonnell Douglas) 없이는 번창할 수 없다. 그리고 실리콘밸리의 기술을 위해 세계를 안전하게 보호하는 보이지 않는 주먹은 미 육군과 공군, 해군과 해병대"라고 강조했다.

제국주의의 성격을 새삼 조명하는 이유는 우리가 살고 있는 세계가 '자본주의 국가들 간의 불평등한 위계구조로서의 제국주의적 자본주의 세계이며, 구체적으로 미국의 패권적인 세계 지배가 관철되고 있는 자본주의 세계'임을 인식할 필요가 있기 때문이다.

물론, 레닌의 불균등 발전에 근거한 제국주의론이 오늘의 현실을 적실하게 설명해 주는 것은 아니다. 문제의식은 이어가되 개념과 이론의 수정이 필요하다. 실제로 이미 개념의 재정의가 이뤄지고 있다. 정치경제학자 캘리니코스는 "자원과 영향력과 영토를 서로 더 많이 차지하려 하며, 외교적으로도 서로 대결을 벌이고 더 극단적으로는 군사적 대결"을 벌이는 지정학적 경쟁에 주목하고 "국가들 사이의 지정학적 경쟁이 자본주의의 경쟁 논리에 통합되고 종속되는 현상"으로 제국주의 현상을 새롭게 풀이했다.

제국주의는 "제 나라 자본가계급을 온갖 수단으로 지지하는 중심국들이 세계 경제를 지배하기 위해 서로 경쟁하면서 주변국에 대해 지배와 권력을 행사하는 세계 체제"라거나 "패권 국가들과 약소국들의 관계에서 군사적 정복과 경제 제재의 위협, 다른 나라 정부와 영토를 실질적으로 지배하기 위한 힘의 행사"라는 정의도 나왔다.

제국주의 중심국들이 주변국이나 약소국을 지배하기 위해 자행하는 패권 경쟁 또한 불균등 발전에서 비롯한다. 패권에 도전하는 나라의 경제성장 속도가 기존 패권국가의 경제성장 속도보다 빠른 현상이 지속될 때는 패권의 부침으로 이어질 수 있다.

불균등 발전과 제국주의적 패권 경쟁은 자본주의 세계에서 맞닿아 일어난다. '제국주의'는 국제학계에서 '시민권'을 지닌 학문적 개념이지만, 한국 학계 안팎에서 그것은 여전히 낯설고 그것을 미국과 연관 지어 논의하기는 더 그렇다.

따라서 옳고 그름을 떠나 학문적 대화와 설득력을 위해서라면, 그것을 '패권주의'로 개념화(사실 그렇게 판단하며 그 말을 바꿔 쓰려는 시도야말로 '제국주의의 힘'이 얼마나 강력한 자장을 행사하고 있는가를 역으로 입증해 준다.)할 수도 있다.

제국주의의 정의를 어떻게 내리든 또는 그것을 패권주의로 부르든 21세기에 지구촌에서 살아가는 모든 사람들은 세계 자본주의 체제의 중심국들이 세계 경제를 지배하기 위해 서로 경쟁하면서 주변국에 지배와 권력을 행사하는 체제 속에 놓여 있다는 현실 인식, 그 세계 체제는 불균등 발전으로 인해 '패권 국가들과 약소국들의 관계에서 군사적 정복과 경제 제재의 위협, 다른 나라 정부와 영토를 실질적으로 지배하려는 힘의 행사'가 벌어지는 무대라는 인식이 중요하다.

실제로 2000년 11월 대통령에 당선된 조지 부시는 군사비를 계속 증액하면서 아프가니스탄에 이어 이라크의 대량파괴무기 확산을 방지한다는 명목으로 전쟁을 일으켰다. 미국의 사회과학자들 가운데는 그 전쟁을 통해 미국 경제가 호황을 맞았다는 주장을 텔레비전 인터뷰에서 자랑스레 늘어놓기도 했다.

3차 산업혁명

•• 불균등 발전과 전쟁은 21세기에도 여전히 생생한 현실이지만, 자본주의의 생산력이 끊임없이 성장해온 것도 사실이다. 20세기 후반 가장 괄목할 만한 변화는 인터넷이다. 1960년대에 미국 국방부가 전시에 소통을 목적으로 컴퓨터 여러 대를 하나로 연결한 네트워크 '알파넷'을 선보였다. 처음 '군사용'으로 출발한 인터넷은 서서히 민간으로 확산되었고, 그보다 앞서 군사용에서 벗어났던 컴퓨터와 결합해 정보산업이 급성장했다.

2010년대에 제레미 리프킨은 이를 3차 산업혁명으로 개념화했다. 리프킨의 1·2·3차 산업혁명 구분은 에너지원과 의사소통 방식의 변화를 기준으로 했다. 새로운 커뮤니케이션 기술과 새 에너지 체계가 만났을 때 산업혁명이 새 단계로 접어들었다는 것이다. 19세기 제1차 산업혁명 시기에 인류는 증기기관과 석탄을 동력으로 대량 인쇄와 공장 생산경제 시대를 열었고, 20세기 2차 산업혁명에선 전기 커뮤니케이션 기술과 석유 자원이 만나면서 전화·라디오·텔레비전과 같은 새로운 매체들이 등장하고 자동차·석유·전자 부문의 대기업들이 세계 경제를 이끌어 갔다.

리프킨은 21세기에 들어서서 인터넷 기술과 재생에너지가 결합함으로써 3차 산업혁명을 일으키고 있다고 분석했다. 그가 보기에 3차 산업혁명의 다섯 가지 핵심 요소는 다음과 같다.

① 재생 가능 에너지로 전환한다.

② 지구의 모든 건물을 현장에서 재생가능 에너지를 생산할 수 있는 미니 발전소로 변형한다.

③ 모든 건물과 인프라 전체에 수소 저장 기술 및 여타의 저장 기술을 보급하여 불규칙적으로 생성되는 에너지를 보존한다.

④ 인터넷 기술을 활용하여 모든 대륙의 동력 그리드를 인터넷과 동일한 원리로 작동하는 에너지 공유 인터그리드로 전환한다.

⑤ 교통수단을 전원 연결 및 연료전지 차량으로 교체하고 대륙별 쌍방향 스마트 동력 그리드상에서 전기를 사고팔 수 있게 한다.

20세기 후반의 과학 발전이 없었다면 가능하지 않은 전망이다. 리프킨은 3차 산업혁명을 통해 수평적 네트워크를 중심으로 새로운 일자리들이 창출되어 위기에 빠진 인류를 구원해 줄 것이라고 주장했다. 1차와 2차 산업혁명 시대에는 수직적인 '규모의 경제'가 선호되었고 중앙 집중화된 거대 기업이 살아남았지만, 3차 산업혁명 시대에는 재생에너지와 네트워크를 바탕으로 무수히 많은 소규모 기업들이 협업 관계를 맺게 될 것이다. 무한 경쟁시장은 협력적 네트워크에 밀려나고, 수직적 자본주의는 분산 자본주의에 자리를 내준다고 보았다.

그래서 2050년을 살아가는 젊은이들은 과거의 소유와 통제 방식을 이상하게 여기고 지구의 모든 자원을 '공공재'로 인식하리라고 예측한다.[11] 이에 따라 소유권보다 접근권이 중요해지고, 미래에는 이 거대한 변화를 중심으로 새로운 경제적·정치적·사회적 기회가 쏟아진다.

에너지 민주화와 수평적 권력 관계가 확립됨에 따라 인류가 21세기 중반에 다다르기 전에 비극적인 기후 변화도 피할 수 있으며 그 가능성을 현실화할 수 있는 과학과 기술을 인류는 이미 보유하고 있다고 강조한다. 실제로 유럽연합은 지구촌에서 3차 산업혁명에 가장 적극적으로 대응하고 있다. 유럽을 지속 가능한 저탄소 배출 사회로 만들겠다는 목표를 세우고, 2020년까지 '20 – 20 – 20'을 이루겠다고 발표했다. 온실가스 배출량은 1990년 기준으로 20퍼센트 줄이고, 에너지 효율성은 20퍼센트 높이고, 재생에너지 비중은 20퍼센트 늘린다는 계획이다.

4차 산업혁명

•• 리프킨이 2050년대까지 내다본 3차 산업혁명에 대해 4차 산업혁명을 주장하는 경제학자들도 있다. 2016년 1월 세계경제포럼(WEF, 다보스 포럼)에서 의장을 맡았던 독일 경제학자 클라우드 슈밥은 "우리는 지금까지 우리가 살아오고 일하던 방식을 송두리째 바꿀 기술 혁명 직전에 와 있다"며 인공지능(AI), 빅 데이터, 로봇 기술, 사물 인터넷(IoT; Internet of Things)을 꼽았다.

학문의 세계에서 보편적 시민권을 지닌 것은 아니지만, 4차 산업혁명은 지능정보기술이 제조업과 서비스, 사회에 녹아듦으로써 산업과 사회가 지능화되는 혁명이다. 로봇이나 인공지능을 통해 실재와 가상이 통합된 4차 산업혁명의 시대가 예상보다 빨리 3차 산업혁명을 끝낸다는 것이다. 기계의 지능화를 통해 생산성과 효율성을 고도로 높여 산업구조를 바꾸는 4차 산업혁명의 동인은 지능정보기술이다.

1·2·3·4차 산업혁명은 각각 기계화, 전기화, 정보화, 지능화로 요약할 수 있다. 리프킨은 자신이 주창한 3차 산업혁명도 실현하지 못한 상황에서 4차 산업혁명을 언급하는 것은 시기상조라며 현재 일어나는 놀라운 변화들은 3차 산업혁명인 정보화 혁명의 연장선에 지나지 않는다고 지적했다. 4차 산업혁명만이 아니라 3차 산업혁명에 회의적인 학자들도 있다. 그들은 증기기관(1차 혁명)과 전기 상업화(2차 혁명)가 세상을 크게 바꾸었다는 사실에는 수긍하지만 인터넷 대중화, 재생 에너지, 수소 경제가 과연 전기 상업화와 별개로 이야기할 수 있을 정도인가에 의문을 제기한다.

4차 산업혁명이 허구든, 3차 산업혁명의 연장선이든, 아니면 그조차 2차 산업혁명의 기반 위에 있다고 보든 과학기술에 혁명적 변화가 일어나고 있는 것은 분명하다. 정보화·지능화로 압축되는 과학기술의 성장과 여전히 강력한 군산복합체의 문제가 중첩된 현실은 우리에게 사회과학과 자연과학을 아우른 접근을 요구하고 있다.

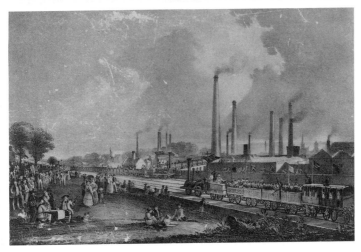

19세기 영국의 산업혁명

18세기 후반에 영국에서는 기계의 발명과 기술의 혁신으로 산업상에 급속한 변화가 일어난다. 이를 산업혁명이라고 한다. 제임스 와트의 증기기관 발명을 시작으로 기계공업, 제철, 석탄 산업이 발달했으며 증기기관차, 증기선 등의 새로운 교통수단도 등장했다. 농업 중심의 사회가 산업 사회로 바뀌면서 여러 도시 문제가 발생하고 자본가들의 힘이 커졌다.

나와 우리를 연구하는 과학

•• 정작 두 과학을 가장 효율적으로 결합하고 있는 주체는 군이다. 군사학의 한 분야로서 '군사과학(Military Science)'은 전쟁에 필요한 각종 병기 및 물자를 연구개발하고 과학적으로 전략, 전술을 연구하는 학문으로 이미 자리매김 했으며 "군대나 전쟁 등에 관련된 모든 자연과학 및 사회과학 분야를 포괄함"을 학문적으로 자임하고 있다.

하지만 자연과학과 사회과학을 포괄하는 과학적 탐구는 군사과학의 틀을 넘어서야 옳다. '4차 산업혁명' 담론이 퍼져 가는 시점에서 교양 교육의 중요성을 주장하는 과학계 흐름이 나타나고 있는 현상은 그래서 반가운 일이다. 한국의 대학 교육이 과학의 본성은 무시한 채 5년 후에는 쓸모없을 수도 있는 지식을 전수하는 것만 해 왔다는 반성, 4차 산업혁명을 대비하기 위해서도 과학에 대한 교양 교육이 강화돼야 한다는 주장이 그것이다.

과학기술의 정보화와 지능화는 사회과학의 문제이기도 하다. 자연과학과 사회과학을 아우르는 과학적 접근이 전쟁과학과 차원이 다른 융합을 일궈낼 때 '과학의 힘'은 비로소 인류사의 새로운 시대를 열어갈 수 있을 것이다. 과학은 낯설고 무미건조한 지식들이 아니라 '나'와 '우리'를 더 탐구해 가는 과정이다. 막연한 추측이나 감성적 판단이 아니라 다양한 물증들을 모으고 분석해서 결정하는 과학정신[12]은 인류의 위대한 창조물이다.

인류가 앞으로 3차(그리고 4차) 산업혁명을 바탕으로 새로운 세상

어른의 교양

을 만들어 나갈 주체를 세워갈 때 과학정신은 여전히 중요하다. 다만 그것만으로는 부족하다. 과학정신으로 담아낼 수 없는 주체의 내면이 있기 때문이다. 이제 그 내면을 종교와 예술, 소통의 개념으로 탐색해 보자. 먼저 종교다.

거룩한 존재, 종교의 필요성
유일신 종교와 종교간의 소통
제법무아와 연기, 생각의 혁명

5과

종교

과거에 언제나 그랬듯이 기성 종교는 그대로 화석이 되어
역사의 지층 속에 남고 말 것이다.
그들은 돌같이 굳어진 신조만을 주장하고 경전의 해석은 기계적으로 되어
생명을 자라나게는 못하고 도리어 얽매는 줄이 된다.

사상가 함석헌

거룩한 존재,
종교의 필요성

인류의 우주관에 새로운 지평을 연 20세기 최고의 과학자 알베르트 아인슈타인. 그는 무신론자였지만 자신이 "종교적"이라고 말했다. 무슨 뜻일까? 그가 내린 종교의 정의를 짚어 보면 수긍할 수 있다.

"경험할 수 있는 뭔가의 이면에 우리 마음이 파악할 수 없는 뭔가가 있으며, 그 아름다움과 숭고함이 오직 간접적으로만 또 희미하게만 우리에게 도달한다고 느낄 때, 그것이 바로 종교다. 그런 의미에서 나는 종교적이다."

아인슈타인이 스스로 '종교적인 사람'이라고 말한 까닭을 보면, 호모 사피엔스를 '호모 렐리기우스(Homo Religious)'라고 풀이하는 종교학자들의 주장도 사뭇 다르게 다가올 수 있다. '종교적 인간'은 개개인이 구체적으로 특정 종교를 믿는가, 믿지 않는가 하는 문제와 무관하다. 인간은 자신의 유한성을 절감하고, 자신을 넘어선 무엇을 동경하는 존재, 바로 그것이 '종교적 인간'의 정의다. 종교학은 인류 역사에 종교가 나타나기 이전에도, 아니 처음부터 인류는 오늘날 '종교적 삶'을 살아갔다고 설명한다.

거룩한 실재

•• 인류사를 톺아보면 인간이 살고 있는 모든 곳에서 '종교'를 찾을 수 있다. 인류학자들이 3만 년 전의 동굴 벽화에서도 사냥의 성공을 기원하는 종교적 흔적을 논의할 만큼 종교는 인류에게 보편적 현상이다.

어쩌면 종교의 기원은 현생인류보다 앞선 네안데르탈인에서 찾아야 옳을지도 모른다. 그들이 죽은 이를 위해 장례를 치를 때부터 종교는 삶 깊숙이 들어와 있다고 볼 수 있기 때문이다. 현생인류와 오랜 세월 싸우면서 공존했던 까닭에 21세기를 살아가는 인류 일부에서도 네안데르탈인의 유전자는 남아 있다. 현생인류가 그렇듯이 네안데르탈인도 죽음의 필연을 의식했다.

죽은 사람의 장례를 치르며 언젠가 자신도 필연적으로 죽는다는 사실을 인식한 인류는 불안과 절망을 느낄 수밖에 없었다. 시간이 흘러도 마찬가지다. 죽음을 의식한 '불안과 절망'을 19세기의 사상가 키에르케고르는 '죽음에 이르는 병'으로 읽어냈다.

1장에서 짚어본 파스칼의 고백, '무한한 공간의 영원한 침묵이 나를 전율케 한다'는 토로에서 언젠가 죽을 수밖에 없는 인간이 우주 앞에 절실히 느끼는 신비로운 두려움, 또는 두려운 신비감을 읽을 수 있다. 그 '떨리는 신비감'을 종교학자들은 대표적인 종교적 경험으로 풀이한다. 일상과 달리 거룩한 무엇인가를 경험하는 순간에 다가오는 경외감이 그것이다. 두려움과 더불어 또 다른 종교적 경험은 '매혹과 끌림의 신비감'이다. 황홀감이 그것이다.

　　특정한 종교를 지닌 사람만 종교적 경험을 하는 것은 아니다. 외경과 매혹의 신비감은 우리가 자연과 마주했을 때도 나타난다. 비단 밤하늘에 총총한 별들만이 아니다. 여행이나 등산에서 웅장한 절경을 만날 때도 경외나 매혹을 느낀다. 깎아지른 바위 절벽, 우람한 거목, 장대한 폭포, 매섭게 포효하는 바다가 그렇다. 유한할 뿐만 아니라 보잘 것 없는 존재인 나와는 다른 무엇, 거룩한 무엇이 엄습해 오기도 한다. 바로 그 성스러운 무엇을 종교학은 '거룩한 실재'라고 부른다. 종교학자 엘리아데(Mircea Eliade)에게 모든 종교는 거룩한 실재와의 관계이다.

　　종교학으로 짚어 보면, 거룩한 존재는 사람이 사회를 이룰 때부터 어느 문화에서나 공통적으로 나타난다. 거룩한 실재와 현실의 실재, 성과 속 사이를 이어주는 매체(미디어)로는 세 가지를 꼽을 수 있다.

　　첫째, 자연 현상이다. 절벽, 거목, 폭포, 바다만이 아니다. 인류는 폭풍, 화산과 같은 자연 변화에서 '뜻'을 묻거나 '계시'를 읽어 왔다.

동서의 모든 고대 사회에서 나타나는 '정령 신앙'도 있다. 애니미즘 또는 물활론으로 불리는 정령 신앙은 모든 사물에는 영혼(아니마, 영적인 생명)이 깃들어 있다고 본다. 자연계에서 일어나는 모든 현상 또한 아니마의 작용으로 생각한다. 흔히 정령 신앙을 원시적 종교관으로 한 단계 낮추어 보지만, 그렇게만 볼 문제는 아니다. 정령 신앙의 '정령'을 '신성'으로 이해한다면 현대 종교와 곧장 이어질 수 있다.

다른 하나는 역사적 사건이다. 대표적 보기가 '출애굽'으로 불리는 유대인들의 이집트 탈출이다. 유대인들만의 사고가 아니다. 역사를 돌아보면 지구촌 곳곳의 대다수 지배자들은 '거룩한 명령'을 무시로 들먹였다. 큰 전쟁이나 왕조의 교체, 새로운 국가의 건설, 대재난과 같은 역사적 사건에서도 사람들은 거룩한 무엇의 뜻이나 힘을 탐색해 왔다.

마지막은 인격적 존재이다. 샤먼(무당), 깨달은 사람(붓다), 예언자, 메시아(구세주, 예수), 성인, 현인들이 '거룩한 실재'에 대해 깨달음을 주거나 계시를 내린다고 믿는다.

참극을 불러오는 종교

•• 그런데 죽음을 의식한 인간이 삶의 외경과 매혹의 신비감으로 몰입하는 종교가 오히려 살상과 증오로 죽음을 불러오는 참극이 세계사에서 숱하게 일어났다. 기독교가 이슬람교를 침략하며 피로 물들인 십자군전쟁, 기독교 신·구교(개신교와 가톨릭) 사이에 일어난 30

년 전쟁이 대표적이다.

21세기에 들어와서도 종교는 죽음을 불러오고 있다. 2016년 3월 27일 파키스탄에서 기독교인들의 주요 경축행사인 부활절에 자살 폭탄 테러가 일어났다. 기독교인 70명 이상이 숨지고 300여 명이 부상당했다. 이미 21세기의 첫 해인 2001년 9월 11일 미국 뉴욕의 세계무역센터(WTC) 본부와 워싱턴의 국방부(펜타곤)를 상대로 이슬람 근본주의자들인 알카에다의 공격이 일어나 3,000명이 넘는 피해가 발생했다.

9·11 공격(September 11 attacks)을 계기로 미국은 반미의 길을 걷고 있던 아프가니스탄 정부가 알카에다를 숨겨 주고 있다며 전쟁을 선포하고 지상군을 투입해 점령했다. 이어 이라크 후세인 정부는 9·11 공격과 무관함에도 마치 있는 듯이 정보를 조작해 바그다드까지 침략했다. 당시 대통령 조지 부시는 2003년 6월 팔레스타인 자치정부 수반과 정보장관을 만났을 때 "하나님은 아프가니스탄의 테러리스트들과 싸우라고 말씀하신데 이어 이라크의 폭정을 종식시키라고 하셨다"며 "하나님의 명령을 그대로 따랐다"고 말했다. 부시의 발언이 알려지면서 모든 이슬람 국가들이 술렁이자 미국 백악관은 그런 사실이 없다고 부인했지만, 문제의 발언이 나왔던 자리에서 부시와 회담했던 팔레스타인 자치정부의 압바스 수반은 BBC와의 인터뷰에서 "부시 대통령의 발언은 이것(이라크 및 아프가니스탄 전쟁)이 하나님이 원하는 것이라는 자신의 신념을 표현한 것이었다고 우

9·11 테러(위)와 아프가니스탄에 파견된 군인들

'알카에다'라는 말은 아랍어로 '근본(al-Qa'idah)'이라는 뜻이다. 알카에다를 창립한 빈 라덴은 사우디아라비아의 부유한 집안 출신으로 1979년 소련이 점령한 아프가니스탄으로 들어가 '침략자를 몰아내는 것은 무슬림의 의무'라며 무장 항쟁에 나섰다. 1989년 소련이 아프가니스탄에서 철수하자 '영웅'이 되어 고국으로 돌아왔지만 사우디아라비아 지배세력의 부패와 미군 주둔에 분노했다. 빈 라덴은 미국이 무슬림 세계의 자연 자원을 약탈하고 무슬림의 적을 돕거나 교사하고 있다고 비판하고 이를 행동으로 옮겼다. 전체 이슬람 국가들을 대상으로 조직원을 선발해, 부패한 이슬람 정권과 이슬람 땅에 주둔하고 있는 미군에 맞서 싸웠다. 그 정점이 9·11 공격이다. 10년 뒤인 2011년 미군 특수부대는 파키스탄에 있는 빈 라덴의 은신처를 기습해 사살한 뒤 그의 시신을 촬영하고 바다에 던졌다리는 이해한다"고 사실상 확인해 주었다.

물론, 21세기에 일어나고 있는 '종교전쟁'도 과거의 십자군전쟁이 그랬듯이 경제적 이유가 숨어 있다. 미국이 세계 패권을 지속적으로 유지하기 위해 중동의 석유자원을 통제할 목적으로 이라크를 침략했다는 사실은 이제 국제정치학계에서 공공연한 상식이다. 그 정치·경제적 목적에 종교가 '대의명분'으로 작동한다는 사실 또한 간과할 수 없다.

종교의 필요성

•• 그렇지 않아도 우주과학의 발달로 종교에 의구심이 더해가는 상황에서 종교를 앞세우거나 종교를 근거로 한 살상과 파괴 행위들은 '과연 오늘날에도 종교가 필요한가'라는 근본적 의문을 던지기도 한다. 그 질문에 국제 종교학계가 연구해 내놓은 답을 종교학자 김경재는 세 가지로 간추렸다.

첫째, 종교는 궁극적 관심(Ultimate Concern)이다. 일상의 사소한 관심과 달리 죽음을 의식한 인간이 궁극적으로 실재하는 것이 무엇인가를 찾는 절실하고 절박한 관심이 종교다. 신학자 폴 틸리히(Paul Tillich)는 '신적, 초자연적 존재를 전제로 한 나와의 관계' 구조를 넘어 '궁극적 관심'을 종교로 정의했다. 세계의 보편종교들 중에는 인격적이거나 초인격적 존재를 상정하지 않고 깨달음을 지향하는 종교, 대자연과 하나 됨을 지향하는 종교들이 있기 때문이다. 틸리히에게 그 모든 종교는 궁극적인 삶의 의미와 가치를 지향하는 실존적 몸짓이다. 궁극적 관심은 삶의 근본적인 지향성을 방향 지움으로써 자아실현 또는 자기완성에 이르는 '거듭남의 삶'을 목적으로 한다.

둘째, 종교는 개개인을 '자기 중심적 존재'로부터 '실재 중심의 존재'로 변화된 삶을 살게 한다. 그 표징은 자유로운 사람, 봉사하는 사람이다. 종교다원론자 존 힉(John Hick)은 "자기중심에서 실재중심에로 인간 경험의 변화"(the transformation of human experience from self-centeredness to Reality-centeredness)를 종교의 목적이자 진정성 판단의 기준으로 제시했다. 힉이 말하는 실재(Reality)는 종교적 전통에 따라서 다양하게 이름 붙여졌다. 달마(진리), 인격신, 대자연, 하느님, 우주적 생명 들이 그것이다. 불리는 이름은 다양하지만, 존재 변화를 겪은 개개인의 공통된 특징은 성숙한 자유다. 자비나 사랑으로 사발적으로 봉사에 나서고 그것을 기쁘게 실행하는 사람으로 변화된다.

셋째, 종교는 궁극적이지 않은 가치를 절대화하며 우상화하는 사회로부터 해방을 이끈다. 인류 공동체가 창조적인 모험을 하고, 아름다움을 추구하며, 진리를 실험하는 과정이 되도록 촉매 작용을 하는 사회적 기능이 있다. 철학자 알프레드 화이트헤드(Alfred N. Whitehead)는 진리를 전파하는 데 탁월하고 영속적인 종교 또한 '과정 속에 있는 실재'라고 파악했다. 종교가 지난 전통 속에 안주하고 자기 완결적 교만에 빠질 때는 위기와 몰락을 맞는다. 따라서 종교는 어떤 문명사회가 스스로를 절대화하거나 신격화하려는 우상 숭

_____ 어른의 교양

배 경향성을 깨트리고, 진실을 찾는 모험에 나서도록 촉매가 되어야 하는 것이다. 성숙한 문명은 창조적 모험정신을 허용하고, 관용성을 존중하며, 아름다움을 추구하는 예술적 삶을 고양하고, 합리적 사고를 권장한다.

종교학계의 연구들에 근거하면 21세기인 오늘날 지구에 현존하는 대다수 종교들은 그 본령에 충실하지 못하다고 판단할 수밖에 없다. 기성 종교들의 실제 모습은 사뭇 대조적이기 때문이다.

하지만 거꾸로 바로 그렇기에 인류는 더 종교를 찾는다고 볼 수도 있다. 궁극적 실재로 다가서거나 자기를 넘어 '실재중심'으로 나아가는 열정, 우상에 사로잡힌 사회를 해방하려는 소망을 다른 무엇이 대신하기는 어렵다.

유일신 종교와
종교간의 소통

21세기에 들어 인류의 최대 종교는 기독교다. 2015년 기독교 신자는 대략 21억 명이었다. 2위는 무슬림 신자로 16억, 유대교는 상대적 소수로 1,400만 명이다. 인도를 중심으로 한 힌두교가 10억 명으로 3위다. 불교는 5억 명(중국의 드러나지 않은 불교인들을 얼마나 보느냐에 따라 그 숫자가 크게 늘어날 수 있다.)으로 추산된다. 세계 인구 가운데 3명 중 1명의 종교가 기독교인 셈이다. 한국 사회만 보더라도 근대 이후 전파된 기독교(개신교와 가톨릭)가 29.4퍼센트로, 오랜 역사의 불교 22.9퍼센트를 추월해 있다. 세계 인구 가운데 종교가 없는 사람은 11억 정도로 16퍼센트에 그친다. 인간이 종교적이라는 명제를 새삼 실감할 수 있다.

세계 종교의 1위와 2위가 모두 유일신 종교로, 합치면 38억 명이다. 그래서 인류의 절반이 넘는 사람들이 믿는 유일신 종교부터 짚어 보고자 한다. 특히 기독교는 근대 이후 세계 문명을 주도해 온 유럽과 미국의 지배적 종교다.

유일신 종교

•• 유대교, 기독교, 이슬람교. 유일신을 믿는 세 종교는 지금 '중동'으로 불리는 지역, 티그리스-유프라테스 강과 나일 강을 잇는 '비옥한 초승달 지대'에서 차례로 등장했다. 유일신의 세 종교 모두 그곳에 뿌리를 둔 이유는 그곳이 고대 문명의 발상지였을 뿐만 아니라 세 종교에 깊은 영향을 끼친 조로아스터교가 퍼져 있었기 때문이다.

고대 페르시아에서 나타난 조로아스터교는 현재까지 알려진 지구 최초의 유일신 종교다. 조로아스터는 기원전 600년대에 지금의 아프가니스탄과 이란의 경계에서 태어났다. 열두 살에 집을 떠나, 서른 살에 '계시'를 받았다. 그 계시를 사람들에게 알리기 시작했지만, 곧장 미친 사람으로 배척받았다. 하지만 사촌이 받아들이면서 신자가 서서히 늘어나 마침내 왕까지 믿게 되었다. 조로아스터는 고대 이란과 인도 지역의 여러 신을 통괄하는 최고신을 '지혜의 주님'이란 뜻의 '아후라 마즈다'로 불렀다. 아후라 마즈다는 사람들에게 직접 나타나지 않는다. 여섯 '불사의 존재'로 나타나는데, 각각 지혜·사랑·봉사·경건·완전·불멸을 상징한다.

태초에 아후라 마즈다에서 선을 선택한 영과 악을 선택한 영이 나왔다. 전자는 성령으로 불렸고, 후자는 여러 이름으로 불렸는데, 가장 많이 불린 이름이 바로 '샤이틴'(사탄)이다. 사탄을 추종하는 악령들은 그의 명령에 따라 사람을 시험하고 괴롭혔다. 그래서 세상은 '선과 악이 싸우는 현장'이 되었다. 사람은 선이나 악을 선택해서 살아가야 한다. 죽으면 영혼이 3일 동안 몸에 남아 자신이 평생 걸어온 길을 돌아보고, 4일째에 심판대로 간다. 그곳에서 천사 '미드라'가 개개인의 인생을 저울에 올려놓고 심판을 한다. 저울이 조금이라도 선한 쪽으로 기운 영혼은 눈앞의 깊은 계곡에 놓인 넓은 다리를 편하게 건너 천국으로 간다. 하지만 저울이 조금이라도 악한 쪽으로 기운 영혼은 '칼날로 된 외줄 다리'를 건너다가 결국 계곡 아래 지옥으로 떨어진다. 하지만 아후라 마즈다가 예정해 놓은 종말에 구세주가 나타나면 모든 영혼이 부활한다. 악한 영혼 또한 순화되어 선한 영혼과 합류하지만, 사탄과 악령은 완전히 소멸한다. 조로아스터의 독일식 발음이 '자라투스트라(Zarathustra)'이다.

그때까지 여러 신을 섬기던 오랜 전통에서 벗어나 유일신으로 '지혜의 주님'을 내세운 조로아스터교는 그 이후 전개된 유대교를 비롯한 유일신 종교들의 '모태'가 된다.

종교학자들은 조로아스터교와 유대교, 기독교, 이슬람교 두루 유일신을 믿고, 또 그 믿음이 사람들 사이에 퍼져간 배경으로 지형적 특성을 꼽는다. 기후가 건조해 농경지와 숲이 시나브로 줄어들고 사막은 점점 늘어가는 풍경을 보면 두려움이 깊어갈 수밖에 없고, 그

만큼 절대자로서 유일신을 간절하게 바라는 마음도 커져 간다. 비가 잘 내리지 않는 건조한 땅에서 양을 키우며 살아가는 유목민에게 척박한 땅에서 풀을 자라나게 하는 신의 섭리에 대한 믿음은 커질 수밖에 없었다. 더구나 사막과 초원이라는 또렷한 지형적 대비는 선과 악을 구분 짓는 이분법적 사고를 낳았다. 유일신 종교의 가장 도드라진 특징이다.

반면에 강수량이 풍부하고 사막을 찾아볼 수 없는 지역에선 자연의 다채로운 변화에 부응하듯 신의 모습이 다채롭게 나타났다. 거의 모든 사람이 농사를 지으면서 어떤 절대적 존재로서 유일신과의 관계보다는 사람과 사람 사이의 연대 또는 화합을 중시했다.

그런데 조로아스터교를 모태로 한 유대교, 기독교, 이슬람교는 모두 유일신을 믿지만 그 신의 이름은 각각 다르다. 유대교는 '야훼(Yahweh)'를 믿고, 기독교는 '갓(God)'을 믿고, 이슬람교는 '알라(Allah)'를 믿는다.

유대교의 야훼

•• 유대교는 유대인의 민족종교다. 기원전 2000년대에 메소포타미아(오늘날의 이라크 지역)에서 새로운 목초지를 찾아 서쪽으로 옮겨간 사람들과 그들의 후손이 유대인이다. 이주민이었기에 본디 그곳에 살고 있던 토착민과 긴장 또는 갈등 관계에 놓일 수밖에 없었다. 기원전 18세기 메소포타미아 문헌에 '떠돌이들(유랑민)'이 많다는 기

록이 등장한다. '히브리인(헤브라이인, Hebrew)'이라는 말은 히브리어 '이브리(ibri, 건너온 사람들)'에서 유래해 경계를 건너 도망쳐 온 사람들, 노역하는 사람들을 뜻했다. 그래서 히브리인을 특정한 인종 개념이 아니라 사회학적 개념으로 풀이하는 종교학자들도 있다. 그렇게 해석한다면, 현대사회의 외국인 노동자들, 더 나아가 비정규직 노동자들, 노숙자들이 모두 '히브리인'인 셈이다.

아무튼 그 떠돌이들, 건너온 사람들은 오랜 세월에 걸쳐 유랑하다가 이집트 땅으로 들어간다. 당시 메소포타미아와 이집트에는 도시국가가 세워져 있었다. 왕과 귀족이 소작농과 노예들을 지배하는 계급사회였다. 세금을 못 내는 소작농은 노예로 전락했기에, 시간이 흐르면서 노예가 점점 늘어났다. 유대인은 500여 년을 이집트에서 살며 왕궁과 신전을 건축하고 길을 닦는 데에 불려 나가 노역을 하거나, 숫제 노예가 되어 고통의 나날을 보내고 있었다. 이집트를 벗어나려고 해도 왕의 군대가 국경을 지키고 있어 불가능했다.

그때 모세가 나타난다. 기원전 13세기에 모세가 유대 민족을 이집트에서 탈출시킨 '출애굽 사건(Exodus, '애굽'은 '이집트'의 옛 표기)'과 뒤이은 40년의 광야 생활을 거쳐 마침내 정착한 가나안에서 '야훼' 신앙이 민족종교로 자리 잡았다. 야훼(여호와)는 히브리어 동사 어근 '하야(hyh, HaYaH)'에서 파생되었으며, '생기다(befall), 되다(become), 생존하다(be, exist)'라는 뜻을 담고 있다.

하지만 유대인들이 세운 왕국은 솔로몬의 전성기를 지나 멸망한다. 다시 떠돌이가 된 유대인들은 자신들이 야훼 신앙에 철저하지 못했다고 뉘우치며 유대교를 체계화했다. 유대교를 종교적 체계로 정립할 때 조로아스터교의 영향을 받았다. 모세도 재조명되어 야훼 신앙의 틀을 세웠다. 기원전 2000년 무렵으로 거슬러 올라가 아브라함으로 시작해 그의 후손들에 의해 이스라엘의 민족종교로 전개되어 온 역사적 과정을 기록했다. 나라는 잃었지만 유일신 야훼를 중심으로 뭉친 셈이다.

기독교의 예수

•• 예수는 유대교의 전통 속에서 유대인으로 태어났다. 하지만 예수는 유대인의 틀, 유대교의 율법을 넘어섰다. 그의 언행을 기록한 신약성경이 강조한 신(God)은 유대 민족의 유일신에 머물던 야훼를 넘어 보편적인 신으로 정립됐다.

유대교의 전통에서 보면, 누군가가 '야훼의 아들'임을 자임하는 것은 '오만'이자 '불경'일 수밖에 없다. 지금도 유대교는 예수를 '야훼의 아들'로 보지 않을뿐더러 '메시아'로도 보지 않는다. 구약성경에 근거해 유대교는 지금도 메시아를 기다리고 있다.

예수는 스스로 '신의 아들'임을 밝히고 신을 '아버지'보다 더 친근하게 '아빠'라고 말하며 동시대인들을 깨우쳤다. 유대교인의 관점에서 볼 때 기독교는 '이단'이자 '사교 집단'이다. 탈무드는 예수에 대해 "마술을 써서 이스라엘을 미혹시켜 배교하게 하였으므로 유월

절 전날에 처형되었다"고 담담하게 기록하고 있다.

하지만 예수의 제자들에게 젊은 스승은 '그리스도'다. 그리스도
는 히브리어 '메시아'를 그리스어로 옮긴 '크리스투스'를 다시 한국
어로 옮긴 말이다. 영어로는 '크라이스트(Christ)'다. 뜻을 살려 우리
말로 풀이하면 '구세주(救世主)'다. '그리스도'를 한자로 옮긴 말이
'기독(基督)'이고, '예수'는 '야소(耶蘇)'로 표기된다.

그러니까 예수를 구약성경이 예고한 구세주(메시아, 그리스도)로
모신 사람들이 기독교인이다. 교회에서 많이 듣는 '주 예수 그리스
도' 호칭은 예수를 우리의 주님, 구세주로 믿는다는 고백을 담은 말
이다. 예수를 그리스도로 믿는 종교가 그리스도교, 한자어로 '기독
교'다. 본디 뜻에 충실해 옮기자면 '구세주교' 또는 '예수교'가 적절
할 터다.

기독교는 1054년 유럽의 동서로 분열되어 서쪽 교회들은 로마
교황을 중심으로 '보편적'이라는 뜻의 '가톨릭'으로 커 나갔고, 동
쪽 교회들은 자신들이 '정통적' 교회라는 뜻에서 '정교회(Orthodox
Churches)'로 성장해 갔다. 한국에는 소수 교인만 있지만, 정교회는
세계 3억의 신도수를 지닌 기독교의 3대 종파 가운데 하나다. 정교
회의 '오소독스(Orthodox)'는 그리스어 '진리 또는 올바름'이라는 뜻
의 'orthos'와 '믿음'이라는 뜻을 지닌 'doxa'의 합성어이다. '정통교
회(정교회)'는 서유럽이 주도해 나간 근대 역사에서 소외되었고, '보편
교회(가톨릭)'는 동쪽 교회들이 지녔던 '영적·신학적 깊이'를 잃었다.

많은 이들이 죽음 뒤 영생을 꿈꾸며 기독교를 믿는다. 성경은 예수의 부활을 '증언'한다. 그렇다면 부활한 예수는 어디에 있을까. 인류에게 사랑을 가르친 예수가 부활한 뒤 하늘로 올라가 지금까지 2,000년 넘도록 신 옆에 가만히 앉아 있다고 생각해도 좋을까? 그렇지 않다면 부활한 예수를 우리는 어디서 만날 수 있을까?

기독교인들조차 가볍게 넘기지만 예수는 자신을 어디서 만날 수 있는가를 분명하게 일러주었다. 예수는 "너희는 내가 굶주렸을 때에 먹을 것을 주었고, 목말랐을 때에 마실 것을 주었으며, 나그네 되었을 때에 따뜻하게 맞이하였다. 또 헐벗었을 때에 입을 것을 주었으며, 병들었을 때에 돌보아주었고, 감옥에 갇혔을 때에 찾아주었다"라고 말했다. 그런 일이 없었다고 의아해하는 제자들에게 예수는 "분명히 말한다. 너희가 여기 있는 형제 중에 가장 보잘것없는 사람 하나에게 해준 것이 바로 나에게 해준 것이다"라고 했다.

예수가 "분명하게" 말해 주었는데도 부활한 예수를 어디서 만날수 있는지 여전히 미심쩍어하는 사람에게 예수는 되풀이해서 강조한다. "이 저주받은 자들아, 나에게서 떠나 악마와 그의 졸도들을 가두려고 준비한 영원한 불 속에 들어가라. 너희는 내가 주렸을 때에 먹을 것을 주지 않았고, 목말랐을 때에 마실 것을 주지 않았으며, 나그네 되었을 때에 따뜻하게 맞이하지 않았고, 헐벗었을 때에 입을 것을 주지 않았으며, 또 병들었을 때나 감옥에 갇혔을 때에 돌보아주지 않았다." 그들이 "주님, 주님께서 언제 굶주리고 목마르셨으며,

언제 나그네 되시고 헐벗으셨으며, 또 언제 병드시고 감옥에 갇히셨기에 저희가 모른 체하고 돌보아 드리지 않았다는 말씀입니까?"라며 항변하리라 예상하고 준엄하게 '심판'했다.

> "똑똑히 들어라. 여기 있는 형제들 중에 가장 보잘것없는 사람 하나에게 해주지 않은 것이 곧 나에게 해주지 않은 것이다."
>
> (마태복음 25:31-46)

'사랑'이 무엇인가를 가장 아름답고 날카롭게 규정한 가르침이다. 바로 그것이 예수 가르침의 고갱이다. 기독교인이든 아니든 예수와의 커뮤니케이션은 자기 성숙에 큰 도움이 된다. 예수에게 아버지인 신은 누구일까.

> "신은 사랑이다. 사랑으로 살아가는 사람은 신 안에 살며 신도 그 사람 안에 살고 있다(God is love. Whoever lives in love lives in God, and God in him. 요한 1서 4:16)"

그 연장선에서 예수는 호소한다.

> "내가 너에게 새로운 계명을 준다. 서로 사랑하라. 내가 너를 사랑한 것처럼 너희도 서로 사랑하라(A new command I give you: Love one

another. As I have loved you, so you must love one another. 요한복음 13:34)"

기독교 2,000년 역사에는 예수가 일러준 사랑을 실천하는 데 헌신한 '은자'들이 밤하늘의 뭇별처럼 총총 빛나고 있다. 한국 기독교로 좁혀도 예수의 길, 사랑의 길을 올곧게 걸어가는 신부와 목사들이 있다. 반면에 '성직'을 '장사'로 여기는 '목회자'들도 분명히 있다. 유감스럽게도 그런 목회자들이 오늘의 한국 교회에 절대다수라고 증언하는 기독교인들이 적지 않다.

예수가 죽음으로 보여 준 '사랑'의 고갱이는 온전히 가르치지 않으면서, 교회만 나오면 '하나님의 선택'을 받은 것이라거나 '천국행 티켓'을 확보한 것이라고 때로는 은밀한 유혹을, 때로는 은근한 협박을 서슴지 않는 교회는 없는지 둘러볼 일이다. 아니, 그보다 더 먼저 할 일이 있다. 바로 자신을 돌아보는 일이다.

정직하게 자문해 보자. 가난한 사람, 몸이 불편한 사람, 외로운 사람들, "가장 보잘것없는 사람"들에게 나는 지금 어떤 눈길을 보내고 어떻게 행동하고 있는가? 그 물음을 깊이 성찰할 때, 바로 그 순간에 부활한 예수를 만날 수 있다.

예수의 당부는 간곡함을 넘어 더없이 곡진하다. "내 계명은 이것이다. 내가 너희를 사랑한 것과 같이, 너희도 서로 사랑하라"고 가르친 예수는 "내가 너희에게 명한 것을 너희가 행하면, 너희는 나의 친구이다(You are my friends if you do what I command. 요한 15:14)"라고 말했다. 예수는 '신'으로 모셔지길 원하지 않았다. 후대와 모두 친구가 되길 열망했다.[13]

이슬람교의 알라

•• 예수 탄생 이후 600여 년이 지나 같은 메소포타미아 지역에서 유대교, 기독교와 다른 유일신교로 이슬람교가 창시된다. 한국은 이슬람교 신자가 많지 않지만 세계적으로는 기독교 다음 2위이다. 2050년에는 기독교 인구와 비슷하고, 2070년에는 세계 최대종교가 될 것으로 전망될 만큼 큰 종교다. 무슬림들이 세운 오스만 제국은 14세기부터 영토를 넓혀가며 북아프리카와 유럽 일부, 서아시아의 세 대륙에 걸친 대제국으로 20세기가 열릴 때까지 이슬람문화를 꽃피웠다.

이슬람교는 무함마드(Muhammad)에서 비롯한다. 610년에 창시된 이슬람교의 '이슬람'은 순종, 화해, 평화, 구원이 모두 담긴 말이다. '순종'이라는 말이 거슬릴 수 있지만 '신의 뜻'(한국 개신교에서 즐겨 쓰는 '하나님의 뜻')에 따름을 의미한다. 이슬람 사람들이 일상에서 관용어로 쓰면서 한국에도 잘 알려진 말 '인샬라'가 바로 '신의 뜻대로'이다.

이슬람 신도를 무슬림(Moslem)이라 부르는데, 언어적 의미로 '신의 뜻에 순종하는 사람'이다. 그러니까 이슬람 문화에서 '하나님의 뜻에 따라 살아가는 사람'이 무슬림이다. 이슬람교 또한 전지전능한 유일신을 믿는다. 비이슬람권 사람들에게 이슬람교의 신 '알라(Allah)'는 아주 낯선 우상처럼 다가오기 십상이다. 신문과 방송, 할리우드영화를 비롯한 대중매체들이 편견을 조장했지만, 기실 '알라'는 신을 뜻하는 '일라흐(Ilah)'에 정관사 '알(al)'이 붙은 '알일라흐'에서 비롯된 말로, '신'을 가리키는 아랍어이다. 영어에서 신을 '갓(God)'이라고 하듯이, 아랍어에서 신을 '알라'라고 한다. 따라서 '알라'라고 할 때, 그것을 '신' 또는 '갓'이라고 이해해야 옳다.

공평하게 말하자면 야훼도 갓도 알라도 신이다. 가톨릭을 조선에 전파할 때 그들은 '하느님'이라는 말이 당시 모든 조선인에게 익숙하다는 사실에 착안해서 구약성경의 '야훼'와 신약성경의 '갓'을 모두 '하느님'으로 번역했다. 지금도 가톨릭은 '천주교'로 불리는데, '천주'의 뜻 또한 같은 맥락이다. 천주교를 통해 '하느님'이라는 번역어가 정착되어 갔다. 개신교에서는 '하느님'이 아니라 '오직 한 분'이라는 뜻으로 '하나님'으로 옮기는 게 옳다는 주장을 펴나갔다. 그래서 지금 가톨릭 성당에선 '하느님'으로, 개신교 교회에선 '하나님'으로 부르고 있다.

'하느님'이나 '하나님'을 쓸 때 원뜻을 살려 어떤 편견도 없이 말하려면 '신'으로 옮겨야 옳다. 그렇게 쓰는 것이 '가톨릭'(천주교)과 '개신교' 사이, 더 나아가 기독교와 무슬림 사이에서 '중립'을 지키는 방법인 동시에 우리 겨레가 고유하게 불러온 '하느님'과 구별하는 길이다.

한국에 들어온 무슬림 또한 처음에는 '알라'라고 옮겼다가 뒤늦게 상황을 파악하고 알라를 '하나님'으로 번역하기 시작했다. 서울의 이슬람 사원의 들머리에는 다음 글이 새겨 있다.

"하나님 외에 다른 신은 없습니다. 무함마드는 그분의 사도입니다."

결국 인류 문명의 발상지인 '비옥한 초승달 지대'에서 문명이 교류하며 낳은 산물이 유대교, 기독교, 이슬람교이다. 모두 '아브라함의 자손'을 자처한다. 유대교를 믿는 사람, 예수 이후 기독교를 믿는 사람, 무함마드 이후 이슬람교를 믿는 사람들 모두 아브라함을 선조로 공경한다. 그러니까 세 종교를 믿는 사람들 모두 곳곳에 사막이 펼쳐진 척박한 땅에서 유목 생활을 더불어 했던 형제인 셈이다.

유일신 3형제의 어느 쪽에도 치우침 없이 정리한다면, 신은 아브라함의 후손들에게 예언자들을 보내 가르침을 전해 왔다. 모세도 예수도 무함마드도 각각 예언자이다.

'아브라함의 종교'임을 강조하는 이슬람교는 아브라함에게 계시를 내린 신의 이름이 '알라'라고 강조한다. 유대교, 기독교의 신과 동일하다. 다만, 이슬람교는 유대교와 기독교가 아브라함의 가르침을 충분히 이해하지 못했고, 바로 그 때문에 종교의 고갱이를 잘못 판단해서 왜곡했다고 본다. 그 잘못을 바로잡아 신을 온전히 믿는

어른의 교양

게 이슬람교라고 강조한다. 따라서 오직 '아브라함의 신' 곧 알라만을 섬기며 신의 뜻에 순종하겠노라고 다짐한다.

이슬람교에 따르면 아담, 노아, 아브라함, 모세, 예수는 우리를 신의 나라로 이끌기 위해 신이 지상에 보낸 예언자이고, 그 표지로 '계시의 책'을 인류에게 주었다. 모세에게 준 '율법의 책'이 구약성경이고, 예수에게 준 '복음의 책'이 신약성경인데, 유대교도와 기독교도가 그 계시의 책을 왜곡했다고 주장한다. 구약성경과 신약성경의 잘못된 부분을 고치기 위해 최후의 예언자인 무함마드에게 내려진 책이 바로 코란이라고 설명한다.

종교간의 소통

•• 무슬림은 신(알라) 앞에 모든 사람의 평등을 주장한다. 그래서 유대교나 기독교와 달리 성직자를 두지 않는다. 형제애를 강조하며, 영적인 삶과 세속적 삶을 이어주는 공동체 문화를 권장한다.

유대교가 그렇듯이 이슬람교 또한 예수는 신의 말씀을 전달하는 예언자 가운데 한 사람일뿐더러, 무함마드가 더 '권위'있는 선지자라고 믿기에 신약을 그대로 받아들이지 않는다. 기독교는 믿음에 의한 구원을, 유대교와 이슬람교는 행위에 의한 구원을 강조하는 점에서도 차이가 있다.[14]

이슬람교는 이 세상에서 착하고 올바르게 살아가면 구원을 얻는다고 가르친다. 평등과 우애의 미덕을 중시하는 무슬림은 21세기인 지금도 이자 증식과 투기를 금지한다. 자본주의 종주국들과 무슬림들이 불화를 겪는 배경이기도 하다. 종교의 본뜻에 근거하면 기독교와 무슬림 사이의 전쟁과 테러는 각각 예수와 무함마드의 가르침을 배신하는 행위다. 전쟁이나 테러가 실은 정치·경제적 이해관계에 의해 일어나면서도 종교의 외피를 쓰고 있다면 더욱 그렇다. 따라서 자신의 종교가 정치·경제적 이익을 추구하는 누군가에 의해 이용당하지 않는지 경계가 필요하다.

자신의 신만 절대화해 상대를 배척하고 멸살하려는 행태에서 유일신 종교가 벗어나지 못할 때, 국가를 지배하는 정치·경제 세력에게 이용당할 가능성은 더 커질 수 있다. 종교 사이의 소통이 절실한 이유다. 종교학을 창시한 막스 뮐러는 "하나의 종교만 아는 사람은 종교가 무엇인지 모른다"고 일찍이 경고했다.

제법무아와 연기,
생각의 혁명

강우량이 풍부하고 농업이 생활 기반이
던 동아시아의 종교는 유일신 신앙과 다른 길을 걸어왔다. 공맹(공자
와 맹자)의 유학과 노장(노자와 장자)의 도학이 있지만 동아시아의 대
표적 종교는 아무래도 불교다. '궁극적 실재'라는 종교 개념이 유럽
의 신학 전통에서 나왔기에 불교에는 적절하지 않은 개념이라고 볼
수 있지만, 궁극적 실재가 반드시 '초월적 인격신'을 전제로 한 개념
은 아니다. 종교를 '궁극적 관심'으로 풀이한 틸리히는 불교도 궁극
적 실재의 체험을 핵심에 둔 종교라고 설명한다. 틸리히는 기독교가
'존재해야 할 신성한 체험(the experience of the holy as what ought to be)'
을 강조하는 윤리적 요소가 강하다면, 불교는 '존재로서 신성한 체
험(the experience of the holy as being)'을 강조하는 종교라고 풀이했다.

여기서 '신성한 체험'은 '거룩한 실재'를 뜻한다. 그 논리에서 볼 때 깨달음이나 해탈은 거룩한 실재, 궁극적 실재를 지칭하는 말이다. 실제로 불교를 연 붓다에 대해 불교인들은 열 가지 이름(10호)으로 부르는 데 모두 '거룩함'을 담은 표현이다. 열 가지 이름은 '여래(如來, 진여에서 오신 분), 응공(應供, 마땅히 공양 받으실 분), 정변지(正遍智, 바르고 보편적인 지혜를 증득하신 분), 명행족(明行足, 지혜와 실천을 구족하신 분), 선서(善逝, 생사의 굴레를 잘 벗어나신 분), 세간해(世間解, 세간을 모두 아시는 분), 무상사(無上師, 그 위에 아무도 없는 스승), 조어장부(調御丈夫, 세간을 잘 이끄시는 장부), 천인사(天人師, 신과 인간들의 교사), 세존(世尊, 세간의 존경을 받으시는 분)'이다.

실제 역사적으로 존재했던 붓다가 수행 끝에 새벽 동녘 하늘의 별을 보고 깨달음을 얻었다는 사실도 흥미롭다. 불교인들 가운데 그 것을 '은유적 표현'으로 무심코 넘기는 사람들이 있다. 하지만 붓다가 밤하늘의 무수한 별들을 보며(비록 우주과학과 망원경이 없던 시대에 살았다고 하더라도) 우주와 생명 전반에 대한 통찰을 얻었다고 추정할 수도 있다.

붓다의 제법무아

•• 많은 사람들이 죽음에서 부활해 영생을 얻는다는 소망으로 기독교인이 되듯이, 불교의 출발도 죽음의 고통으로부터 벗어남이다. 붓다는 예수보다 600여 년 앞서 히말라야 기슭의 석가(Sakya)족이 세

운 카필라국(지금은 네팔의 한 행정구역이다)에서 왕자로 태어났다. 성은 고타마(가장 좋은 소라는 뜻), 이름은 싯다르타(모든 일이 뜻대로 이루어진다는 뜻)이다.

세자가 된 싯다르타는 자신을 낳고 일주일 만에 숨진 어머니를 생각할 때마다 죽음의 문제를 절감했다. 왕을 따라 시찰을 할 때 들판에서 일하는 농부를 보면서도 싯다르타는 쟁기로 파헤쳐진 흙 속에서 꿈틀거리는 벌레를 주목했다. 그 벌레를 발견한 순간, 새가 벌레를 쪼아 물고 날아가는 모습에 충격을 받았다. 비단 죽음만이 아니다. 노인을 보았을 때, 병든 사람을 보았을 때도 싯다르타는 언젠가 자신도 그렇게 되리라는 불안감에 잠겼다.

붓다는 생로병사를 모두 고통으로 규정했다. 불교에서 4고, 곧 네 가지 고통으로 꼽는 생로병사에서 '태어남(생)'이 어떻게 고통인지 의문이 들 수 있다. 실제로 그것을 이해할 수 없다는 현대인들이 적지 않다. 하지만 번역의 한계로 말미암아 고통의 본디 뜻이 정확히 드러나지 못한 데서 비롯한다. 붓다가 말한 고통의 원어 '고'는 신체적 아픔(pain)이나 심리적 고통(suffering)이 아니다. '뜻대로 되지 않음'이 가장 가깝게 옮긴 말이다.

기실 태어남이 우리 뜻으로 된 것은 아니잖은가. 늙음과 병듦, 죽음도 마찬가지다. 우리 뜻대로 되지 않은 채 불현듯 다가왔거나 올 것이 생로병사다. 네 가지 모두 뜻대로 되지 않아 불안하고 괴롭다.

붓다는 뜻대로 되지 않아 불안하고 괴로운 '나'를 깊이 들여다보며 그것이 무아(無我)임을 확연히 깨달았다.

사람들이 스스로 '나'라고 생각하는 그것은 '색·수·상·행·식'의 오온(五蘊)이다. 색(body, matter)은 우리가 지닌 몸이고, 그 몸으로 외부와 접촉하며 수(sensation, emotion)가 일어난다. 감각과 감정이다. 감정이나 감각으로 받아들인 것을 지각해서 관념으로 표상하면서 상(representation, perception)을 이룬다. 정도의 차이가 있을 뿐, 누구에게나 있는 의지가 행(action)이다. 수와 상, 행으로 색에 쌓여온 기억이 식(mind)이다. 그러므로 '나'는 고정된 실체가 없다. 색·수·상·행·식으로 삶의 모든 순간마다 새롭게 오온이 이루어지며 재구성된다. 흔히 오해하지만, 무아는 불변의 실체로서 내가 없다는 뜻일 뿐 허무가 아니다. 무아를 말한 붓다의 언어에 충실하게 번역하면 '세상의 모든 것이 본질을 꿰뚫어보면 속이 텅 비어 있다'는 뜻이다. 물론 '나'도 텅 비어 있다. 그것이 제법무아다.

제법(諸法, sarva dharma)이란 '모든 존재'를 의미한다. 무아(無我, anatman)는 '아(我)가 없다' 또는 '아(我)가 아니다'는 의미이다. 여기에서 말하는 '아(我, atman)'란 생멸 변화를 벗어난 영원하고 불멸적인 존재인 실체(實體) 또는 본체(本體)를 말한다. 그러니까 제법무아는 '모든 존재에는 고정 불변하는 실체적인 아(我)가 없다'는 뜻이다.

제행이 무상이라는 가르침은 누구나 비교적 쉽게 받아들이지만, 제법이 무아라는 설법에는 의문을 제기한다. 눈에 보이는 현상은 고정불변하지 않다는 것을 인정하기는 쉬워도, 모든 존재는 물론 '나'

에게 실체가 없다는 가르침을 받아들이기는 어렵다. 다름 아닌 나의 실체를 찾아 몸부림치는 존재가 인간이기 때문이다.

붓다 당시에도, 그리고 현재에도 불교 이외의 다른 종교에서는 대부분 불생불멸의 영원한 존재로서의 본체를 인정하고 있다. 그것을 '아(我, atman)' 또는 '범(梵, brahman)'이라 하고, 영혼, 절대자, 신이라 부르기도 한다. 더러는 개체적 실체를, 더러는 우주적 실체를 말하지만, 불교는 그 어떤 실체적 존재도 부정한다. 모든 존재[諸法]는 비실체적인 여러 요소들로 이루어져 시시각각 변한다. 제법무아라고 해서 현상적인 존재까지 부정하는 것은 아니다. 부정하고 있는 것은 단지 '고정불변의 실체적 아(我)'일 뿐이다.

붓다가 태어났을 때 인도의 전통사상은 고정불변의 이상적 실체와 하나 되는 범아일여의 길을 추구했다. 실체론에 근거한 종교의 사회적 의미는 '신분제도의 정당화'로 나타났다. 실체가 없다는 제법무아의 가르침은 당시 혁명적 선언이었고 실제로 많은 동시대인들에게 사고와 삶의 혁명적 전환을 불러왔다.

무아에서 연기로

•• 무아의 깨달음은 연기(緣起)로 이어진다. 붓다가 말한 '연기'의 본뜻은 '말미암아 일어나는 것'이다. 세상에 존재하는 모든 것은 고립되어 있지 않고 관계를 맺으며 더불어 있다는 뜻이다. 존재의 실상이 실체가 아닌 관계라는 사실에 눈뜨는 것이 깨달음이다.

모든 것이 더불어 있음을 모를 때 우리는 나와 남을 분리하며 '나'에 집착한다. 하지만 나와 남이 본디 분리될 수 없는 하나로 더불어 있다는 진실에 눈 뜰 때 우리의 삶은 자비의 실천이 될 수 있다. 모든 것이 변화하고 나 또한 고정불변의 실체가 없다는 제행무상과 제법무아의 밑절미가 '연기'다.

나와 남이 둘이 아니라는 깨달음은 2,500여 년이 흘렀지만 여전히 새롭고 혁명적이다. 물론, 사람들은 무아를 선뜻 받아들이지 못한다. 경쟁체제로 말미암아 자아에 집착이 강한 현대인은 더욱 그렇다. 불교를 최근 유행하듯이 '참나'를 찾는 길로 이해, 아니 오해하는 것도 그 때문이다.

흔히 자아 속에 있는 실체적 본질을 깨닫는 것으로 '참나'를 파악하지만, 그것은 붓다의 가르침과 정면으로 어긋난다. 무아를 받아들이지 못하는 사람들에게 설법하려고 대승불교에서 무아를 불성(佛性), 또는 여래장(如來藏)으로 설명하기 시작했는데, 문자에 얽매이다 보니 그것을 실체로 오해하는 결과가 빚어진 셈이다.

자신을 포함해 모든 것에 고정불변의 실체가 없기 때문에, 깨달은 사람은 언제 어디서든 오히려 주체가 될 수 있다. 거꾸로 '나'를 고정불변의 실체로 여길 때 '탐·진·치'에 매몰된다. 탐욕은 대상을 자기 쪽으로 끌어당기는 5욕으로 물욕, 식욕, 성욕, 명예욕, 수면욕이다. 진, 곧 성냄은 대상을 밀쳐내는 심리다. 분노, 적개심, 혐오, 반감이 모두 포함된다. 어리석음은 존재의 실상인 제법무아를 깨닫지 못한 상태다.

탐·진·치에 매몰되지 않는 길을 붓다는 8정도로 제시했다. 정견(正見)·정사(正思)·정어(正語)·정업(正業)·정명(正命)·정정진(正精進)·정념(正念)·정정(正定)이다. 있는 그대로 연기의 세상을 바라보는 정견을 토대로 바른 사유가 생기고 그에 따라 바른 말, 바른 행동, 바른 직업, 바른 노력이 행해진다. 일상에서 그것을 실천해 갈 때 마음을 줄곧 바른 상태로 유지하는 정념이 이뤄진다. 그 열매가 바른 선정, 정정이다.

붓다의 깨달음에 고갱이인 제법무아(諸法無我)는 개인주의를 넘어서 이기주의에 매몰되어 가는 현대인의 정신적 장애를 치료하는 데 효과적인 가르침을 담고 있다. 불교가 21세기에 지구촌의 수많은 사람들의 정서적 불안과 정신 장애를 해결하는 심리 치료로 자리 잡는다면 좋은 일임에 틀림없다. 실제로 붓다의 가르침이 고통을 넘어서는 데 있으므로 심리치료를 통해 마음의 평화를 얻는 데 불교가 적절한 안내자가 될 수 있다. 이미 서점에도 불교와 심리 치료에 대한 책은 많이 나와 있다. 앞으로도 더 많은 지구촌 사람들이 그 치료의 혜택을 받기를 바란다.

최고 깨달음의 경지 입전수수

•• 하지만 불교가 21세기에 할 수 있는 일은 과연 심리치료에 그칠까? 그렇게 생각하지 않는다. 불교가 21세기와 만날 때 구체적으로

사람들이 살아가는 정치·경제 체제에 새로운 시각을 줄 수 있기 때문이다.[15] 더구나 그것은 심리 치료와 결코 무관하지 않다. 현대인의 정신 병리가 이기적 경쟁으로 내몰고 있는 사회와 직간접적으로 맞닿아 있기 때문이다. 서양인 가운데 불교의 가르침과 불교적 명상에 몰입하는 사람들이 늘어나는 이유도 여기 있다.

그런데 정작 불교가 오랜 세월 농축되어 온 한국에서 살아가는 대다수 국민에게 불교는 산중 종교 또는 기복 종교에 머물고 있다. 반면에 한국인들의 일상은 미국과 유럽의 자본주의보다 훨씬 더 치열하고 야만적인 경쟁 체제에 놓여 있다. 10대 이전부터 80대에 이르기까지 21세기 대한민국을 살아가는 사람들은 너도나도 경쟁에 몰입해 있다. 서로에게 적대감마저 곳곳에서 묻어난다.

그 결과, 대한민국은 자살률 1위, 출산율 꼴지의 나라다. 경쟁에서 탈락한 사람만이 아니다. 전 국민적 경쟁 체제는 경쟁에서 이긴 사람들의 삶조차 냉혹한 성격으로 만든다.

여기서 우리는 불교의 깨달음을 단계로 그려낸 십우도의 뜻을 새겨볼 필요가 있다. 그 마지막 단계가 입전수수(入廛垂手)이기 때문이다. 십우도(十牛圖)는 선의 입문부터 해탈에 이르는 과정을 동자나 스님이 소를 찾는 것에 비유해서 묘사한 선종화(禪宗畵)다. 심우(尋牛), 견적(見跡), 견우(見牛), 득우(得牛), 목우(牧牛), 기우귀가(騎牛歸家), 망우존인(忘牛存人), 인우구망(人牛俱忘), 반본환원(返本還源)에 이어 마지막이 입전수수다.

십우도 중 입전수수

십우도는 심우도라고도 하며, 불교의 선종에서 본성을 찾는 것을 소와 동자에 비유하여 그린 그림이다. 수행, 깨침, 교화의 여정을 10단계로 나누어 표현하고 있다. 마지막 단계인 입전수수는 지팡이에 큰 포대를 메고 사람들이 많은 곳으로 가는 모습으로 표현된다. 이 포대는 중생들에게 베풀어 줄 복과 덕을 담은 것으로 불교의 궁극적인 뜻이 중생을 제도하는 데 있다는 것을 드러내고 있다.

입전수수는 가게 전(廛), 드리울 수(垂)라는 낯선 한자가 섞여 사뭇 생경할 법하다. 중생이 생생하게 숨 쉬는 시장으로 들어가 손을 드리운다는 뜻이다. 흔히 중생을 제도하러 속세로 나아간다고 풀이해 왔다. '입전수수'의 노래[頌]는 그 경지를 압축해서 드러낸다.

露胸跣足 入廛來 抹土塗灰 笑滿腮
不用神仙 眞秘訣 直敎枯木 放花開
맨가슴 맨발로 시장에 들어서니, 흙먼지 덮어써도 얼굴 가득 웃음
신선의 비결 따위 쓰지 않아도, 마른 나무에 곧장 꽃을 피게 한다.

아름다운 풍경이 눈앞에 절로 그려진다. 가게가 곰비임비 서 있는 시장은 상업주의와 이윤 추구가 넘치는 마당이다. 그런네 왜 깨달음의 마지막 단계가 그곳으로 들어가는 것일까. 시장에 들어가 손을 드리우는 게 왜 최고의 깨달음 경지일까? 드리울 '수(垂)' 자에는 여러 의미가 담겨 있다. 기울다, 쏟다, 베풀다 그리고 가장자리나 변두리의 뜻도 있다. 그 모든 게 함축된 게 '수수'다. '변두리'에 손을 드리워 베푸는 일, 그것이 수수다. 그러므로 불우한 이웃을 돌보는 일도 수수의 하나다.

생각의 혁명
•• 깨달음이 무장 절실한 곳, 그곳이 시장임을 일찍이 붓다는 꿰뚫

어보았다. 해탈에 이른 뒤 시장으로 들어가 손을 내밀라는 가르침은 21세기의 우리에게 큰 울림을 준다.

한국에선 대부분 절이 산중에 있지만 불교는 본디 '산중 종교'가 아니라 '시장의 종교'다. 일찍이 아놀드 토인비는 '불교와 기독교의 만남'으로 새로운 문명이 열리리라고 전망했다. 토인비의 그 명제는 너무 많이 회자되어 이미 식상한 말이 되었지만, 바로 그렇기에 그 의미를 온전히 성찰한 사람도 드물 듯싶다.

우리가 인정하든 않든 현재 대한민국에서 살아가는 대다수는 서양 문명의 세례를 받았다. 지금 우리 개개인이 살고 있는 세상을 '근대사회'라고 부르든 '자본주의 체제'라고 말하든 서유럽과 미국 중심의 문명이 지난 300여 년에 걸쳐 지구촌을 지배한 게 사실이다. 그 문명의 배경에 기독교가 자리하고 있음은 물론이다.

그런데 세계 문명의 흥망성쇠를 평생 연구해 온 토인비는 왜 불교와 기독교의 만남을 중시했을까? 토인비가 제법무아의 뜻을 온전히 인식했는지는 분명하지 않다. 하지만 굳이 토인비의 말을 빌리지 않더라도 실체로서 자아 관념을 넘어서는 제법무아의 깨달음은 새로운 문명의 기반이 될 수 있다. '나'라는 존재를 색·수·상·행·식의 오온으로 해체해서 전개하는 붓다의 법문을 다시 새겨 보자.

"우리의 몸(色)은 변한다. 감각(受)도 변한다. 표상(想)도 변한다. 의지(行)도 변한다. 마음(識)도 변한다. 이같이 관찰하여 일체를 떠나라. 일체를 떠나면 탐욕은 없어지고, 탐욕이 없어지면 해탈할 수 있다. 해탈하는 그 때에 미혹된 삶은 끝난다."

2,600년 전의 가르침이 지금 우리에게 생생하게 다가오는 까닭 또한 지난 300년 동안 지구촌에서 벌어진 인류 역사의 조건들이 지금 제법무아의 혁명적 사고를 요구하고 있어서다. 서양에서 성장해 온 자본주의 문명이 지구촌을 지배하고 있는 21세기를 살아가는 대다수 사람들은 극심한 신자유주의 경쟁체제에 갇혀 있다. 그 경쟁체제는 그 안에서 살아가는 사람들을 걷잡을 수 없는 욕망과 소비의 수렁으로 밀어 넣고 있다.

개인의 자유를 중시하는 유럽인들의 줄기찬 투쟁은 우리가 지금 살고 있는 근현대사회를 여는 사상적 기초였지만 이미 한계가 뚜렷하게 드러났다.

제법무아라는 2,600년 전 가르침 그대로가 21세기인 오늘의 문제점을 풀 해법일 수는 없겠지만, 실체로서 자아를 넘어서는 사유는 현대 문명의 한계를 넘어서는 새로운 상상력과 '생각의 혁명'을 불러 온다. 연기의 실상에 근거한 존재의 의미는 주변 이웃과 사회뿐만 아니라 생태계의 모든 존재와 이어져 있고, 이는 자타불이와 동체대비로 표현된다.

따라서 나 하나의 해탈을 추구하거나 사회와 역사에 무관심한 탈속적 자세를 불교라고 여긴다면 큰 오해다. 기복 불교나 호국 불교는 더 말할 나위 없다. 너와 내가 둘이 아니며 너의 고통이 나의 고통이라는 가르침은 우리에게 인생을 적극적이고 능동적으로 살아가라고 권한다. 물론, 제법무아에 담긴 '생각의 혁명'을 삶의 현실로 구현하려면, 현대사회를 바꿔 갈 비전과 정책을 '혁명적 생각'으로 천착해 나가야 옳다.

니체의 예술론과 창조적인 삶
돈과 권력을 섬긴 예술, 예술 산업의 확대
자기서사의 문학, 문학과 사회

예
술

속인의 눈에 예술은 산 속에 숨어 있지만
예술가에게 예술은 풀 밑에 숨어 있다.

터키 속담

니체의 예술론과
창조적인 삶

니체의 유명한 "신은 죽었다"라는 말은 1800년 넘도록 기독교 전통 속에 살아왔지만 지동설과 진화론에 이은 과학의 발전으로 더는 신의 '언덕'에 기댈 수 없는 유럽인들의 가슴을 깊숙이 파고들었다.

물론, 지금도 독실한 기독교인들은 있다. 하지만 신의 부재를 '체감'한 사람들에게 신이 하늘에 앉아 있다는 식의 근본주의 기독교는 다가올 수 없었다. 본디 역사적으로 기독교 문화가 일천한 한국에서 '신은 죽었다'는 니체의 명제는 유럽 백인들처럼 삶에 그다지 절실하지 않지만 우리가 그 명제보다 진지하게 사유해 볼 대목은 니체의 예술론이다.

'망치의 철학자' 니체는 신이 죽은 지상에서 염세주의와 허무주의를 이겨내고 삶을 적극 긍정하는 방법으로 예술을 제안했다. 니체에게 신이란 철학의 진리나 도덕의 선처럼 삶의 세계를 부정하려고 고안한 창작물에 지나지 않는다. 그럼 어떻게 살아가야 할까.

니체의 답은 명징하다. 예술이다. 과학적 진리나 종교적 진리를 추구하는 인간은 삶의 생생함을 망각하지만 예술은 아름다움과 도취를 즐기며 삶의 다양하고 풍부한 의미를 되살린다고 본 니체는 선언한다.

> "진리는 추악하다. 우리는 진리로 말미암아 멸망하지 않도록 예술을 가지고 있다."

니체는 그때까지의 유럽 철학이 진리의 척도로 삼아온 '본질'을 부정한다. 그것을 '이데아'로 부르든, '실체'라 부르든 또는 '물자체(Ding an Sich, 物自體)'라 부르든 철학자들이 현상과 다른 본질을 진리로 여겨 왔다는 것이다.

하지만 '절대적인 하나의 관점'은 존재하지 않으며 그때그때마다 해석된 다양한 관점들이 있을 뿐이다. 니체는 '진리'나 '본질', '신'이나 '절대적 관점'은 인간의 삶을 유약하게 만들고 왜곡한다고 강조했다. 그가 '망치'를 든 이유다. 삶을 삶 그대로 받아들이며 창조적으로 살아가라고 니체는 권한다.

예술의 기원

•• 니체의 잠언이 아니더라도 우리는 누구나 자신의 삶에 과학과 종교로 담을 수 없는 영역이 있음을 일상에서 실감하고 있다. 감동, 감정, 아름다움들이다. 바로 예술을 이루는 요소들이다.

그렇다면 니체의 예술관을 벗어나 폭넓게 짚어 보자. 예술이란 무엇인가. 여러 정의가 있지만 사전적 의미 그대로 "아름다움을 표현하고 창조하는 일에 목적을 두고 작품을 제작하는 모든 인간 활동과 그 산물" 또는 "인간의 감정을 표현하고 의미를 전달하기 위한 활동과 그 결과물의 총체"다. 다소 번잡하다고 느낄 수 있는데 사전의 정의는 의외로 간명하다. 예술(art)은 "인간의 창조적 산물(the products of human creativity)"이다. 사전에는 "아름답거나 의미 있는 창조물(the creation of beautiful or significant things)"이라는 풀이도 있다.

예술은 인류사의 초기부터 나타난다. 예술의 기원을 연구한 학자들은 인간 개개인의 마음이나 사회적 요인을 비롯해 여러 갈래로 학설을 내놓고 있다. 먼저 심리적 기원론은 인간이 예술을 하는 이유를 내면의 욕구에서 찾는다. 바로 '예술 충동'이다. 네 갈래로 설명해 온 예술 충동 가운데 각자 자신의 내면에는 무엇이 꿈틀대고 있는지 성찰해 볼 필요가 있다.

첫째, 모방 본능이다. 인간은 자기 외부의 사물을 모방하려는 충동이 있다. 모방 본능에 따르면 예술은 다른 사람이나 동물의 행위를 보고 자극을 받아 비슷한 행위로 재현하거나 실행하는 일이다.

어린아이들이 부모의 언행을 모방하는 것은 새삼스럽지 않다. 심지어 대통령이 되겠다고 나선 정치인이 누군가의 머리 모양을 내놓고 모방하지 않은가. 그 모방 본능에서 예술의 기원을 찾을 수 있다. 선사시대의 벽화는 동굴 밖에서 마주친 들소를 재현하고 싶어 굴 안에 그린 '작품'이다. 비단 동굴 벽화를 그린 저 먼 옛날의 '예술가'만이 아니다. 누구나 무엇인가를 재현해 보려고 그림을 그린 기억이 있을 터다. 모방 본능이나 재현이라는 예술 개념을 몰랐을 따름이다. 자기 외부의 사람이나 동물의 행위를 그대로 따라 하려는 충동은 미술만이 아니라 음악과 문학을 낳았다. 자신에게 감동을 준 작가를 따라 자신도 그런 작품을 쓰겠다는 다짐 또한 모방의 하나이다.

둘째, 놀이 본능이다. 놀이 또는 유희를 즐기는 본능으로 예술을 풀이한다. 요한 호이징가는 놀이를 문화의 한 요소가 아니라 문화 그 자체로 보았다. 그에게 인간은 '호모 루덴스(Homo Ludens, 놀이하는 인간)'다. 호이징가는 현대에 들어와 더는 과거처럼 이성을 숭배하거나 낙관주의에 기댈 수 없게 되었다며, 인류의 정의로 호모 사피엔스(Homo Sapiens, 생각하는 인간)나 호모 페브르(homo faber, 공작하는 인간)가 적실하지 않다고 주장했다. 생각하는 인간이나 공작하는 인간은 놀이를 낮춰 보거나 개개인의 노동역량 증대에 필요한 부수적 활동으로 여기지만, 호이징가에게 인류는 '놀이하는 인간' 또는 '노는 인간'이다.

호모 루덴스의 전형으로 한국인을 꼽는 학자도 있다. 조흥윤은

_____ 어른의 교양

알타미라의 동굴 벽화
—

문자가 등장하기 이전에 사람들은 그림을 이용해 메시지를 전달했다. 에스파냐 북부에 있는 알타미라 동굴의 벽화나, 프랑스 베제르 계곡의 라스코 동굴벽화는 이런 사실을 잘 보여준다. 이들 동굴 벽화는 인간의 예술 충동을 설명할 수 있는 좋은 보기이기도 하다.

한국 민중문화의 두 가지 특성을 '놀이'와 '신들림'으로 간추리면서, 한국인들이 다른 나라와 견주어 훨씬 다양하고 독특한 놀이 문화를 가꾸어 왔다고 주장한다. 민중의 놀이는 일 속의 놀이, 여가 속의 놀이, 신앙 속의 놀이라는 세 모습으로 펼쳐지는데 "한국 민중의 놀이는 일과 여가와 신앙 속에서 그것들과 함께 얽히고 어우러져 즐겨지던 삶의 표현"이라고 강조했다. 인간의 '놀이 충동'에 주목하는 이들에게 예술은 '참 좋은 놀이'다. 놀이처럼 흥겹게 장난치듯이 동굴 벽에 들소를 그렸다고 본다.

셋째, 흡인 본능이다. 다른 사람의 눈길을 자신에게 끌어들이려는 본능이다. 인간은 다른 이들을 즐겁게 해서 눈길을 모으거나 사랑을 얻으려는 충동으로 예술을 한다. 원시인 가운데 누군가가 공동체 구성원들의 관심이나 사랑하는 사람의 눈길을 끌기 위해 동굴 벽에 들소를 그렸다고 풀이할 수 있다. 사람은 사람들 속에서 살아가기 마련이기 때문에 다른 사람들의 눈길을 끌고 싶은 욕망은 누구에게나 있다. 실제로 동굴에 들소를 그린 이에게 사람들의 눈길은 쏠렸을 터이고, 구애가 성공했을 가능성도 그림을 그리지 않았을 때와 견주면 높아지지 않았을까. 동물의 수컷이 암컷에게 구애하는 행위를 예로 들기도 한다.

흡인 본능은 현대 사회에서도 또렷하게 나타난다. 예술가들의 개인적 삶에 끊임없이 나도는 '염문'이 그것이다. 무엇보다 파블로 피카소의 여성 편력이 유명하다. 피카소는 평균 10년을 주기로 새로운 연애를 했고 평생 7명의 여인과 결혼 또는 동거했다. 스쳐가는 여자들까지 더하면 상상을 넘는다. 피카소는 공공연하게 여성을 예술적 영감의 원천이라고 주장했다. 화려한 편력이라고들 하지만, 현실은 도덕의 잣대를 들이대기 어려울 만큼 분방했다. 결핵으로 거동조차 못하는 동거여성을 집에 팽개친 채, 새로운 여성과 연애에 탐닉했다. 8년 동안 함께 산 여성이 정신병동에 들어가는 순간, 42세 연하의 여성과 동거에 들어가기도 했다. 그 결과다. 일곱 여성 가운데 두 명이 자살하고, 두 명은 정신병자가 되었다. 처음 만났을 때 그들은 모두 20대였다. 피카소에게 그림이 없었다면 20대 여성들을 편력한 이력은 불가능한 일이었다. 피카소는 자기 그림의 모델로 되어 달라는 말로 접근했고, 모델이 된 뒤에는 유혹했다.

넷째, 자기표출 본능이다. 예술은 자기를 표출 또는 과시하려는 본능에 의해 창작된다. 흡인 본능과 겹치기도 하지만 자기표출 본능은 인간이 자신의 감정이나 사상을 다른 사람에게 이야기하고 싶어하는 강한 욕구를 지녔다는 데 주목한다. 가령 선사시대의 어느 인간은 자기 내면에 들어와 있는 들소를 동굴 벽에 그려 다른 사람들에게 보여 주었다고 설명할 수 있다. 인간은 누구나 근원적으로 고독한 존재이기에 빈 것을 채우려 한다는 설명은 소통의 욕망과 이어져 있다.

그런데 예술의 기원을 인간의 내면에서 찾는 심리적 기원에 동의하지 않는 학자들은 개인 차원의 예술충동 그것을 모방 본능이나 놀이 본능, 흡인 본능, 자기표출 본능 그 무엇으로 보든 보다 사람의 사회적 생활을 중시하고 거기서 예술의 뿌리를 찾는다.

예술의 사회적 기원론은 사회적 동물인 인간이 실제 생활에 필요해서 예술을 한다고 본다. 사람과 사람들이 서로 도우며 살아가도록 결속력을 높이거나 사회경제 생활의 기반인 노동에 적극 나서도록 의욕을 높일 필요가 있어서 미술, 음악, 문학이 생겨났다는 주장이다. 사회적 기원론으로 보면, 동굴벽화의 큰 들소는 사냥하고 싶은 의욕을 부추기고 협동해야 잡을 수 있다는 생각을 많은 이들에게 전달하기 위해 그렸다고 설명할 수 있다. 힘든 일을 하며 부르는 노래는 노동 의욕을 높이려는 사회적 필요로 음악의 구체적 모습이 된다. 건축 예술도 사회적 결속을 높일 수 있다. 이집트 피라미드는 파라오인 왕을 중심으로 강력한 중앙 집권체제를 유지하고 강화하려는 목적이 담겨 있다. 프랑스 파리의 개선문도 마찬가지다.

예술의 기원을 종교에서 찾는 학설도 있다. 종교적 기원론은 고대의 종교적 제의를 '원시종합예술'로 보고 그곳에서 부문별 예술의 뿌리를 찾는다. 종교적 대상에 대한 형상화는 미술로, 제의에서 오가는 말은 문학으로, 소리는 음악으로, 몸짓은 춤(무용)으로 각각 독자적인 예술을 전개했다고 본다. 종교적 기원, 제의적 기원론에 따르면 동굴벽화는 큰 들소를 숭배하거나 아니면 들소를 사냥하러 나가기에 앞서 수렵의 성공을 기원하는 종교적 의식을 위해 벽에 그렸다고 분석할 수 있다.

지금까지 예술의 기원을 사람의 내면, 사회, 종교 세 갈래로 나누어 살펴보았다. 무릇 모든 이론은 현실을 포착하는 그물이다. 예술을 학문으로 접근하는 일 또한 예술을 더 잘 이해하기 위한 수단, 그물에 지나지 않는다. 어떤 그물도 현실을 전체로 포착해 낼 수 없다면, 특정 이론만이 옳다는 고집은 삼가야 옳다. 자신의 생각으로 특정 관점만 고집하며 다른 관점들은 틀렸다고 주장할 때는 오히려 해악을 끼칠 수 있다.

　　일찍이 괴테가 말했듯이 이론은 모두 잿빛이며, 영원한 생명의 나무는 푸르다. 따라서 인간이 예술에 대해 설명한 여러 이론적 관점을 상호 보완적으로 살펴볼 필요가 있다. 실제로 개개 예술가의 성격에 따라 예술 충동이 얼마든지 다를 수 있고, 사회적 요인이나 종교적 요인들이 중첩될 수도 있다.

　　동굴 벽화만 하더라도 어떤 그림은 동굴 밖의 살아 있는 동물을 모방하는 본능으로, 어떤 그림은 놀이 본능으로, 더러는 눈길을 끌거나 구애를 위해, 때로는 자기를 표출하는 방법으로 그리지 않았을까. 또 어떤 벽화는 사냥이라는 '수렵 노동'에서 협동하는 사회적 필요에 따라, 또 다른 벽화는 종교적 절실함으로 그렸을 터다.

　　예술의 뿌리를 어떻게 보든 분명한 사실은 인간이 예술을 통해 어떤 감정이나 의사를 형상화할 수 있다는 점이다. 인간은 아름다움과 창조적 욕구를 표현하거나 충족시킬 수 있을 뿐더러, 그것을 다른 사람들과 나누고 공유해 갈 수 있는 존재다.

낙타, 사자, 어린이

•• 이제 우리는 사전의 예술 정의와 니체의 예술관을 다시 새겨볼 필요가 있다. 예술이 '인간의 창조적 산물'이라면, 또는 '아름답거나 의미 있는 창조물'이라면, 우리 삶도 예술이 될 수 있지 않을까. 바로 그래서 니체는 우리에게 자신의 삶을 예술로 창조하라고 권한다. 인생을 스스로 창조해 예술작품으로 만들라는 뜻이다.

니체의 철학에서 흔히 거론되는 '초인'의 원어 'Ubermensch'는 자기를 넘어서는 사람이라는 뜻이다. 초인은 '삶을 예술작품으로서 구현한 사람'이다. 니체의 예술 개념은 여기서 더 간명해진다. '창조 행위'가 그것이다.

창조적 행위로서 삶, 예술적 삶의 길을 니체는 3단계로 비유했다. 낙타, 사자, 어린아이가 그것이다. 낙타는 등에 무거운 짐을 지고 사막을 건넌다. 물론 그 짐은 낙타의 것이 아니다. 낙타는 왜 무거운 짐을 등에 짊어져야 하는지도 모른다. 누군가 얹어준 짐을 지고 묵묵히 걸어간다. 낙타는 짊어질 필요가 없는 짐을 지고 순종하며 살아가는 사람들을 상징한다.

그 짐을 거부할 때 사자의 단계로 들어선다. 아무도 사자의 등에 감히 짐을 올려놓을 수 없다. 사자는 용기와 자유의 정신을 뜻한다. 사자는 기존의 관습과 규범을 파괴하는 힘을 지닌다. 니체는 "넘쳐 나는 힘은 자유로운 정신으로 하여금 시험에 삶을 걸고 모험에 몸을 내맡겨도 된다는 위험스런 특권을 부여한다"고 쓴다.

마지막 단계인 어린아이는 포효하는 사자를 넘어 삶을 놀이로 받아들이며 새로운 가치를 창조하는 사람을 상징한다. 니체는 단언한다.

"어린아이는 순진무구하며, 망각이며, 새로운 시작, 놀이, 스스로의 힘에 의해 돌아가는 바퀴, 최초의 운동, 거룩한 긍정이다."

요컨대 니체의 메시지는 명료하다. 더 높은 자기를 창조해 가는 삶을 살아가라는 것이다. 바로 예술가로서의 삶이다. 창조적 삶, 곧 예술이다.

돈과 권력을 섬긴 예술,
예술 산업의 확대

삶을 예술로 만들라는 말에 동의하면서도 니체가 간과한 진실을 파헤친 작가는 업튼 싱클레어다. 니체는 물론이고 마르크스도 살아 있던 1878년에 미국에서 태어난 싱클레어는 아름다운 예술이 이 세상의 허위에 수수방관함으로써 억압과 불평등을 영구화하는 데 기여할 수 있다고 판단했다. 그는 30년 동안 예술을 파고들다 보니 인류가 대단히 잘못된 예술관에 사로잡혀 있다는 결론을 얻었다며 "세상에 널리 퍼져 있는 예술에 대한 아주 큰 거짓말"을 여섯 가지로 제시했다.

첫째, 예술을 위한 예술이라는 거짓말이다. 예술의 목적을 작품에 한정해 형식의 완성만 추구하는 사람들의 주장이다. 싱클레어가 보기에 이는 예술의 퇴화뿐만 아니라, 그런 예술이 나타나는 사회의 퇴화를 뜻한다.

둘째, 멋의 예술이라는 거짓말이다. 예술이란 어딘가 신비스러운, 민중과는 동떨어진 소수자를 위한 것이라는 주장이다. 하지만 특수한 예외를 제외한다면, 위대한 예술은 언제나 민중을 위한 예술이었고, 위대한 예술가는 민중을 이끌어 왔다.

셋째, 예술은 전해 내려온 '모범'을 따르고, 고전 작품들을 배워 본받아야 한다는 전통의 거짓말이다. 하지만 생명력 있는 예술가들은 자신의 기예로 창조해 내며, 오늘날의 기술이 옛날의 기술보다 앞서 있는 사실이 반증이라고 싱클레어는 주장한다.

넷째, 호사가들의 도락을 위한 예술이라는 거짓말이다. 예술의 목적이 흥겨움과 즐거움에 있으며, 현실 도피에 있다고 주장한다. 하지만 싱클레어가 보기에 예술의 진정한 목적은 현실을 강조하는 것이다.

다섯째, 도덕적 예술이라는 거짓말이다. 흔히 예술은 도덕과 무관하다고 생각한다. 하지만 도덕은 고작 '네 이웃의 지갑이나 그의 아내를 훔치지 말라'는 수준이 아니다. 도덕은 어떻게 행동할 것인가 하는 윤리적 문제다. 예술은 인간의 행동에 깊은 영향을 끼치며, 어떻게 하면 행복해지고 어떻게 인간이 새로운 가능성을 열어 가는지 다룬다.

여섯째, 예술은 선전을 배척한다는 거짓말이다. 이 논거에 싱클레어는 정면으로 맞서 다음과 같이 선언한다.

"모든 예술은 선전이다. 하나도 빠짐없이 모두가 선전이다."

모든 예술은 선전이라는 자신의 명제가 많은 비판을 받으리라고 싱클레어는 예상했다. 그래서 차분하게 대응한다. '선전'이라는 말이 히틀러와 괴벨스 따위로 오점을 남기게 되었지만, 편견 없이 사전적 의미에서 출발해 보자고 제안한다. '선전'이란 "어떤 의견이나 행동에 대하여 지지를 얻으려고 조직적으로 기울이는 노력"이다.[16] 가령 개신교 회원들은 그들의 신앙을 300년 넘도록 '선전'해 왔다.

선전이라는 사전적 뜻에 따르면, 예술가들이나 예술비평가들이 선전을 폄하하고 홀닦는 주장은 "자기네가 선전하는 것은 예술이고 다른 사람들의 선전은 예술이 아니다"라는 소리에 지나지 않는다고 싱클레어는 지적한다. 물론, 예술이 선전이라고 하더라도 질적 차이는 있다. 예술가가 인류의 발전을 위한 참다운 길, 인류를 위하여 전율할 만큼의 새로운 충동, 인류가 넘어서야 할 새로운 위험, 치러야 할 새로운 희생, 경험해야 할 새로운 기쁨을 제시할 때, 또 예술의 기교를 스스로 닦아 다른 사람 이상으로 생동적으로 담아낼 때 참다운 예술작품을 만들었다고 할 수 있다.

싱클레어의 예술론

•• 예술에 대한 거짓말을 통렬하게 비판한 싱클레어는 예술가들이 어떻게 생계를 유지했고, 살아가기 위하여 무엇을 했는지를 탐색하며 누가 예술가를 소유하는가를 줄기차게 물었다. 싱클레어 자신이

15세 때부터 돈벌이용 소설을 쓰기 시작한 불우한 작가였기에 가능한 물음이었다. 작가로서의 명성은 1906년 시카고 식육 공장 지대의 비인간적 상황을 리얼리즘 기법으로 적나라하게 묘사한 『정글』을 출간하면서다.[17] 그 수익금으로 이상주의적 공동체를 실험하기도 했다. 소설 『석탄왕』으로 탄광노동자들의 파업을, 『석유!』로 석유 자본에 대한 고발을 이어갔다.

싱클레어가 스스로 창작해 가는 과정에서 작심하고 예술론을 전개한 책이 『맘몬 아트』다. '맘몬(Mammon)'은 기독교에서 '재물'을 뜻하는 헬라어 '마모나스(Mamonas)'를 의인화한 표현으로 '재물의 신' 또는 '사탄'으로 쓰인다.[18] '맘모니즘(mammonism)'은 황금만능주의 또는 배금주의를 이른다. '맘몬 아트'는 돈과 권력을 섬긴 예술, 탐욕의 예술이다. 싱클레어는 부와 권력 쪽에 선 저명한 예술가들을 역사에서 하나둘 불러온다. 이어 "돈과 권력에 고용되어 그것을 선전하는 공격 무기가 된 예술"을 가차 없이 비판한다.

맘몬 아트 개념에 가장 적절한 보기를 한국 예술사에서 찾는다면 단연 시인 서정주다. 쿠데타에 이어 민주시민들을 학살하고 집권한 전두환 독재에 맞서 한국의 작가들이 '민중문학'을 내걸고 싸울 때, 서정주는 월간 〈문학정신〉을 창간하고 권두언에서 문학인은 역사관이 중요하다고 역설했다.

"문학자들이란 특히 민족과 인류의 사회 현상 속에 간절하게 살면서도 그것들이 주는 의미와 느낌을 선택하여 여기 역사적 영원성의 가치까지를 부여해야 하는 능력을 가진 사람들이라야 하는 것인데, 정말 신중해야 될 줄로 안다."

그런데 '순수예술'을 내세운 서정주가 "신중"하라고 경고한 대상은 다름 아닌 민중문학이고 그가 글을 쓴 시점은 1987년 6월 항쟁이 한창일 때였다. 군부독재에 맞서 민중들이 거리로 나서 피를 흘릴 때 서정주는 "우리 겨레의 이 역사적 현시점에서 (중략) 일은 접어 두고 전연 불필요한 자유 과잉의 풍조 속에 정권 탈취의 야망의 발산만 음으로 양으로 온갖 꾀와 폭력까지 다하여 전개하고 있는 식자라는 사람들도 적지 않게 있으니 웃고 넘어가기에는 너무나 거슬리는 꼴이 아닐 수 없다"고 개탄했다. "전 국민의 획기적인 합심 노력만이 요청되는 이 중차대한 역사적인 시점에서 왜 무슨 바람으로 등 돌리고 뒤돌아서서 딴전을 보며 힐난과 불화 조성과 혼란과 파괴만 일삼고 있는지 참으로 이해해 줄 수 없는 일"이라는 것이다.

하지만 우리는 충분히 서정주를 이해할 수 있다. 그는 이미 독재자 전두환의 생일을 맞아 그를 한껏 찬양하는 시를 신문에 발표했기 때문이다.

'처음으로'라는 축시는 학살자 전두환을 이렇게 노래한다.

"한강을 넓고 깊고 또 맑게 만드신 이여/이 나라 역사의 흐름도 그렇게

어른의 교양

만 하신이여/이 겨레의 영원한 찬양을 두고두고 받으소서.//새맑은 나라의 새로운 햇빛처럼/님은 온갖 불의와 혼란의 어둠을 씻고/참된 자유와 평화의 번영을 마련하셨나니/ (중략) /이 민족기상의 모범이 되신 분이여!/이 겨레의 모든 선현들의 찬양과/시간과 공간의 영원한 찬양과/하늘의 찬양이 두루 님께로 오시나이다."

자신이 '선전'하면 순수예술이고 다른 사람의 예술정신은 '불순'으로 여기는 전형적 자세다. 권력에 빌붙어 부를 챙긴 서정주의 '맘몬 예술'은 일제강점기였던 20대 시절부터 나타났다. 그는 조선의 청년들에게 독립군은커녕 일본제국주의의 총알받이로 나가라는 '헌시-반도학도 특별지원병 제군에게'를 써서 신문에 발표했다.

"교복과 교모를 이냥 벗어버리고/모든 낡은 보람 이냥 벗어버리고/주어진 총칼을 손에 잡으라!/적의 과녁 위에 육탄을 던져라!/벗아, 그리운 벗아,/성장(星章)의 군모 아래 새로 불을 켠/눈을 보자 눈을 보자 벗아/ (중략) /오백 년 아닌 천 년 만에/새로 불 켠 네 눈을 보자 벗아/ (중략) /아무 뉘우침도 없이 스러짐 속에 스러져 가는/네 위엔 한 송이의 꽃이 피리라./흘린 네 피에 외우지는 소리 있어/우리 늘 항상 그 뒤를 따르리라."

그도 모자라 서정주는 '스무 살 된 벗에게'라는 수필을 썼다.

"그럼 결론은 우리의 몸뚱이를 어디에다가 던져야 할 것인가를 다시 한 번 생각해 보자. 젊은 벗이여. 네 나이는 인제야 스무 살이다. (중략) 역사라는 것은 사실은 우리가 이렇게 쯤 되게 원했기 때문에 지워진 것이다. 싸움을 기다렸기 때문에 싸움이 왔고 총을 원했기 때문에 총이 쥐어지고, 몸 던질 곳을 찾았기 때문에 그 길이 열린 것이다. 그러기에 인수해야 할 의무가 있음은 물론이다. 우리의 몸뚱이를 어디에다가 던질까? 벗이여, 그것은 말하지 않는 네가 더 잘 알고 있을 것이다."

조선일보사가 발행하던 『조광(朝光)』(1943년 10월호)에 발표된 글이다. 실제로 '가미가제 특공대'로 지원한 조선인 청년이 죽었다는 소식을 듣자 서정주는 다시 송가를 발표했다.

"그대는 우리의 가미가제 특별공격대원/귀국대원/귀국대원의 푸른 영혼은/살아서 벌써 우리게로 왔느니/ (중략) /우리 숨쉬는 이 나라의 하늘 위에/조용히 조용히 돌아왔느니/우리의 동포들이 밤과 낮으로/정성껏 만들어 보낸 비행기 한 채에/그대, 몸을 실어 날았다간 내리는 곳/소리 있어 벌이는 고혼 꽃처럼/오히려 기쁜 몸짓 하며 내리는 곳/쪼각쪼각 부서지는 산더미 같은 미국 군함!"

싱클레어가 비평가들이 맘몬 아트를 높이 평가한다고 비판했듯이, 서정주의 온갖 '맘몬 시'가 엄연한데도 그를 '최고의 시인'이니

'시선(詩仙)' 따위로 추켜세우는 '국문학 교수'들이 지금도 대학에서 후학들을 가르치고 있다.[19]

문화 산업과 예술 산업

•• 맘몬 예술을 비판한 싱클레어의 문제의식은 20세기 문화 산업과 예술 산업 논의로 이어진다. 문화 산업(Culture Industry)은 '자본주의적으로 대량생산된 대중문화' 또는 '문화를 생산하는 산업'이다. 프랑크푸르트학파인 아도르노와 호르크하이머가 『계몽의 변증법』에서 제시한 개념이다. 그때까지 통용되던 '대중문화'라는 개념 대신 굳이 '문화 산업' 개념을 내놓은 까닭은 날카롭다. 대중문화가 대중이 생산한 것이 아니라는 문제의식이다. 대중문화가 산업 구조에 의해 상품으로서 생산되면서 문화는 이윤의 도구가 되었다. 이윤추구의 수단이 된 대중문화, 곧 문화 산업은 민중의식의 발전을 가로막고 무력화함으로써 자본주의 체제가 유지되고 재생산될 수 있도록 기능한다.

문화를 상품으로 소비하는 사람들은 자신의 삶이 자유롭다고 느끼지만 실제로는 자본의 논리에 갇혀 있다. 앞서 노동의 소외를 짚어 보았듯이 임금을 받고 일하는 노동자는 일(노동)이 끝나면 소외된 자아를 되찾고자 '문화 행위'를 한다. 하지만 그 또한 상품 시장에서 벌어진다. 아도르노가 '기계화 노동'에서 벗어나려는 사람들로 인해 자본주의는 되레 강화된다고 비판한 이유다. 노동자들이 찾은 자유 시간도 자본주의의 확장이 된다. 가령 여행은 자유롭고 싶은 욕구이지만, 이윤을 추구하는 관광 산업은 이 욕구를 획일화한다.

프랑크푸르트학파의 문화산업 개념과 달리 '문화를 생산하는 산업'을 적극 받아들이는 흐름도 있다. 21세기 독자에게 친숙한 '문화산업'은 '저작권의 보호를 받는 문화적 성격의 상품과 서비스(가령 음악, 방송, 영화, 출판, 디자인 등)의 창조와 생산, 유통에 관련된 산업'을 의미한다. 현재 문화 산업은 이른바 '글로벌화'를 지향하며 전 지구적 규모의 시장을 두고 경쟁하는 거대한 독점자본들이 주도하고 있다.

문화 산업의 논리는 고스란히 '예술 산업' 개념으로 이어진다. 예술도 일반 산업에서 나타나듯이 투자와 거래, 소비가 이루어지고, 예술작품에 대한 구매자가 증가할 뿐만 아니라 융합으로 새로운 분야가 나타나고 있으므로 예술을 산업으로 보지 않을 이유가 없다는 주장이다. 예술 산업론자들은 이미 '범세계적 산업화의 진전'으로 예술 또한 영리를 목적으로 한 상업적 거래가 활발해 예술가들의 의지와 무관하게 산업이 되었다며 '국제 경쟁'에서 뒤처지지 않도록 대응해야 한다고 강조한다.

4차 산업혁명과 관련해 예술 산업을 키워야 한다는 주장도 이미 나왔다. 4차 산업혁명을 처음 제기한 다보스포럼의 '미래고용보고서'에 따르면 2020년까지 지구촌에서 720만 개의 일자리가 사라지는데 새로운 일자리는 210만 개만 생긴다. 인공지능과 로봇기술의 시대에 살아남을 가능성이 높은 직업군은 화가, 조각가, 사진작가, 지휘자, 작곡가, 연주자, 성악가, 애니메이터, 만화가, 무용가, 안무가, 가수 순으로 모두 예술가라는 것이다.

물론, 인류의 미래를 산업혁명에만 맡겨둘 수 없다. 그런 전망이나 기획은 비예술적이고 반예술적이다. 자본의 이윤추구 논리를 넘어 인류가 일궈갈 새로운 공동체의 성격으로 '예술 공동체'를 상상할 수 있다.

모든 사회구성원이 예술 행위를 하는 공동체를 이루려면 기본적으로 생존권을 보장해 주어야 한다. 사회구성원 각각이 생존권의 위협을 받지 않고 예술을 추구할 수 있는 사회를 구현하는 실천은 감동적이고 아름다울 수 있다. 그때 사회적 실천은 예술이 된다.

자기서사의 문학,
문학과 사회

　　돈과 권력에 고용되어 그것을 선전하는 무기가 된 맘몬 예술을 비판한 싱클레어는 대안으로 민중과 사회 정의를 섬기는 '힘의 예술'을 제안했다. 싱클레어 자신도 사회의 추악한 곳을 고발하며, 새로운 사회를 열기 위해 문학적 '선전'에 평생을 바쳤다.

　　모든 예술은 선전임을 줄기차게 주창한 싱클레어에게 문학은 가장 치열한 선전이었다. 그는 사전적 의미의 선전이 '어떤 의견이나 행동에 대하여 지지를 얻으려고 조직적으로 기울이는 노력'임을 틈날 때마다 강조했다.

　　하지만 문학을 맘몬 예술과 힘의 예술로 나누기에 앞서 짚어야 할 대목이 있다. 바로 인간에게 문학이 지닌 의미이다. 먼저 인간에게 이야기 본능이 있다는 가설을 음미해 볼 필요가 있다. 인류의 역사와 함께 이야기가 시작되었다는 주장으로, 호모 나랜스(Homo Narrans, 이야기하는 인간) 개념에 압축되어 있다. 미국의 영문학자 존 닐이 쓴 책의 표제이기도 한 '호모 나랜스'의 가장 중요한 명제는 '인간은 이야기하려는 본능이 있고 이야기를 통해 사회를 이해한다' 이다.

문학의 정의

•• 세계적 신화학자 조지프 캠벨에 따르면, 인간은 세계와 관계를 이루고 삶을 현실과 조화시키려고 이야기를 만든다. 인생은 짧기에 경험이 한정되어 있으므로 더 많은 간접 체험으로 세상에 대한 이해를 넓히려고 끊임없이 이야기를 만들어 내고 받아들인다는 것이다. 이야기는 사람들의 정서에 다가가 공감을 끌어내는 데 효과적이었다. 인간이 옹알이 단계부터 이야기를 지어낸다는 연구결과는 인간에겐 이야기 본능이 있다는 가설을 뒷받침해 준다.

호모 나랜스 개념으로 싱클레어의 문학론을 살펴보면 이해가 더 쉽다. 싱클레어는 인간이 현실을 재현하려고 문학을 비롯한 예술을 시작했다고 보았다. 재현은 현실을 자신의 마음속에 재생하려는 생각과 그 현실을 다른 사람에게도 이해시키려는 목적에서 시작된다. 마치 '원시 예술가'가 들소의 고기를 보존하려고 한 것이, 되도록 오랫동안 그것을 먹게 되기를 바랐기 때문이었던 것처럼, 그가 들소에 대한 기억을 보존하려고 한 것도 그 기억을 두고두고 생각하고 싶었기 때문이다. 또한 잔치에서 들소 고기를 자기의 동료들에게 나누어 주고 싶었고, 거기에서 명예와 이익을 얻을 수 있었던 것과 같이, 그가 더 해보고 싶은 일은 들소의 그림, 사냥에 대한 이야기, 또는 그것에 대한 노래, 그것을 재현하는 춤을 추는 일 들이었다. 요컨대 다른 이들에게 정서와 이념을 옮기려고 하는 충동이야말로 예술을 하는 중요한 동기이며, 위대한 예술작품에서도 결정적 요인이라는 것이다.

일찍이 아리스토텔레스는 있었던 사실을 논의하는 역사나 철학과 견주어 문학은 있을 수 있는 가능의 세계를 모방하여 실제 존재하는 것보다도 더 진실한 세계를 보여 준다고 주장했다. 흔히 '문학의 역설'이라 부르는 지점이다. 문학은 만들어진 허구의 세계인데도 종종 객관적인 과학보다 진실에 더 가깝고 심오하다.

문학의 사전적 정의는 "사상이나 감정을 상상의 힘을 빌려 언어로 표현한 예술. 또는 그 작품"이다. 언어를 조합해 조직화한 이야기가 곧 문학이다. 지금은 주로 문자로 쓰여 책의 형태로 된 것을 말하지만, 문자가 나타나기 전에도 말과 입을 통해 사람들 사이에 퍼져가고 전승되어 왔다. 구비문학이 그것이다. 문자가 생겨난 뒤에도 인쇄혁명을 거치면서 비로소 널리 유포될 수 있었다.

문학은 고대부터 여러 장르로 전개되었다. 서양문학사에선 호메로스가 대표하는 서사시, 사포로 대표되는 서정시, 아이스킬로스·

소포클레스·에우리피데스의 비극, 아리스토파네스의 희극이 기원전 5세기 무렵에 정립되었다. 시간이 흐르면서 철학과 역사를 담은 산문이 생겨났으며 근대사회에 들어서서 소설이 탄생했다.

오늘날 우리가 쓰고 있는 '문학'이라는 말은 본디 동아시아에서 '문헌에 대한 학문'이라는 의미였다. 유럽의 근대사회와 만나면서 영어 'literature'의 번역어로 정착했다. 'literature'라는 말은 '기록'을 뜻하는 라틴어 'litteratura'에서 비롯했는데 어근 'littera'는 문자라는 뜻이다. 원초적 의미에서 '기록'은 사라지지 않도록 점토, 나무, 돌, 종이에 새겨 넣거나 써넣어 조직화된 언어로 재현하는 것을 이른다.

따라서 기록된 모든 것을 문학이라고 정의할 수 있다. 실제로 서양에서는 철학·역사·과학 저서까지도 문학사에서 다루기도 한다. 하지만 근대 이후 문학은 철학, 과학과 다른 예술로 한정되어 왔다. 예술가의 사상이나 감정을 미술은 형상, 음악은 소리로 표현해 인간의 눈과 귀에 다가가지만, 문학은 추상적인 문자로 담아낸다. 문학과 그 밖의 예술을 구별하는 가장 큰 차이가 바로 언어다.

물론, 과학도 언어를 쓴다. 하지만 결정적 차이가 있다. 실험에 근거한 과학은 누가 실험해도 같은 결과를 얻을 수 있지만, 문학은 전혀 아니다. 문학적 진실은 과학적 진리와 달리 작가와 작품을 떼어낼 수 없다.

문학은 일상의 언어와도 다르다. 문학의 언어, 또는 문학을 위한 언어가 별개로 존재하는 것은 아니지만, 일상어를 다듬어 거기에 독자적인 생명을 불어넣어 새롭게 조직할 때 비로소 문학 언어가 된다. 그 언어에 사상이나 감정을 담아내면 작품이 된다.

문학은 저널리즘의 언어와도 다르다. 신문기사나 방송 기사는 그 순간 읽거나 듣고 나면 생명력이 소진되기 쉽다. 하지만 문학은 창작된 과거 어느 순간부터 현재까지 존재해오며 끊임없이 일깨우는 무언가를 지니고 있다. 저널리즘 언어와 견주면 실용적 가치가 없지만, 문학은 우리에게 상상력을 키워줌으로써 새로운 현실을 이끈다. 교양을 완성하는 가장 좋은 방법으로 문학을 꼽는 이유도 여기에 있다.

자기서사와 작품서사

•• 인간은 왜 문학작품을 창작하고 또 감상하는가에 대해 국내에서 문학치료학을 개척한 정운채는 '자기서사의 변화'를 애타게 구하기 때문이라고 분석했다. 문학치료학은 '인간이 곧 문학이며 문학이 곧 인간'이라는 명제를 핵심으로 한다.

문학을 인간 활동의 결과물로 이해하던 것을 넘어 '인간 활동' 그 자체, 더 나아가 '인간' 그 자체를 문학으로 보는 관점의 대전환이다. '서사'는 삶과 문학이라는 표층을 떠받치면서 구조화하는 근원으로 '인간관계의 형성과 위기와 회복에 대한 이야기'를 이른다. 문학 작품은 그 심층에 있는 서사가 원인이 되어 특정한 모습을 갖춘 것처럼, 삶도 내면에 작동하는 서사로 인해 인생의 모양새를 갖추게 된다. 삶의 내면에 존재하는 서사가 '자기서사', 작품의 근원에 존재하는 서사가 '작품서사'다. 심층에 있는 작품서사와 자기서사는 문학작품과 인생의 저변이나 내면에서 끊임없이 작동한다. 작품서사가 문학으로 구현되듯이, 자기서사는 인생, 곧 삶으로 구현된다.

인간은 누구나 자신의 서사를 간직하며 살아간다. 각자의 삶을 구조화하여 운영하는 자기서사를 작품서사를 통해 건강하게 변화해가는 과정이 문학치료다. 작품을 감상하거나 창작할 때 감상하고 있는 작품의 작품서사나 창작하고 있는 작품의 작품서사가 감상자나 창작자의 자기서사에 영향을 끼치고, 이 때문에 자기서사의 변화가 일어난다. 여기서 문학의 존재 이유를 자기서사의 변화에서 찾을 수 있다. 문학이 인간의 변화, 인간의 성장이론, 또는 교양의 가장 좋은 방법인 까닭이기도 하다.

문학치료학은 삶을 '인간관계'를 기반으로 보기 때문에 기존의 서사 이론이 주목하는 인물, 사건, 배경도 모두 인간관계 속에서 파악한다. 인간관계의 밑바탕에 가족관계가 있다고 본 문학치료학은 이를 자녀서사, 남녀서사, 부부서사, 부모서사로 범주화하고 이를 '기초서사'로 규정했다. 인간관계의 주체가 어떤 위치에서 인간관계를 바라보고 운영하는가에 따른 구분이다.

자녀로 태어나 이성에 눈 뜨고 부부가 되어 부모가 되는 인생의 단계를 고려한 구분이기도 하다. 가족관계가 무너지고 자녀와 부모 사이, 남녀와 부부 사이에 갈수록 커뮤니케이션 장애가 커져가고 있는 상황에서 자기서사를 가족관계에서 분석하는 것은 의미 있는 일이다.

다만 서사의 중심이 '인간관계'에 있고 그 '인간'이 '사회적 존재'라는 사실에 주목한다면, 우리 내면에 깃들어서 삶을 운영하고 작품의 심층을 지배하는 사회서사를 찾을 수 있다. 문학에서 우리는 '(사회적)인간이 사회와 맺는 관계의 형성과 위기와 회복에 관한 이야기'로서 사회서사를 읽어낼 수 있고 또 그것을 통해 사회를 바라보는 자기서사도 바꿀 수 있다.

인간도 문학도 사회적이라면, 그 인간과 작품의 심층에 있는 자기서사와 작품서사도 사회적이다. 한 사회에서 살아가는 개개인이 사회적 삶을 운영하는 심층서사는 지금의 사회 질서, 곧 객체적 현실을 어떻게 바라보느냐와 주체적 의지에 따라 네 가지 관계로 나눠진다. 우리가 2과에서 살펴본 적응, 순응, 관조, 실천 네 가지 서사가 그것이다.

문학의 사회서사는 사회가 문학에 영향을 주고 또 문학이 사회에 영향을 준다는 명제로 이어질 수 있다. 문학이 우리의 자기서사에 변화를 가져오지 못한다면 그 작품은 보잘것없는 작품이 된다. 하지만 우리들의 자기서사에 근본적 변화를 불러와 인생의 길을 바꾼다면 그 작품은 위대한 작품이다.

_____ 어른의 교양

문학과 사회

•• 문학과 사회의 긴밀성은 어떤 사회에서 문학이 이뤄지느냐의 문제와 이어진다. 문학은 '사상이나 감정을 상상의 힘을 빌려 언어로 표현한 예술'이기에 어떤 언어로 쓰느냐에 따라 결이 달라진다. 그래서 모든 문학은 '국민문학'이라는 주장도 있다. 작가 자신이 소속된 국민적·지역적 특성을 벗어날 수는 없기에 그 문학에는 자연스레 다른 지역의 문학과 다른 성격이 담겨 있다는 것이다. 당장 문학을 가르치는 한국의 인문대학을 살펴보아도 '국문학'이 있고 영문학 불문학, 독문학, 중문학 등으로 나뉘어 있다.

유럽에서 국민문학은 근대 민족국가 성립과정에서 형성됐다. 국가의 정체성을 형성하는 과정에서 국민문학은 문화공동체를 형성하는 기반이었고 자국민의 '자기표현 욕구'를 담아냈다.

한국에서 문학의 길은 달랐다. 유럽의 여러 나라와 달리 이미 오래전부터 단일국가를 형성해왔고 그 안에서 신분제의 중세질서를 넘어서려는 걸작들을 창작해냄으로써 유럽과 다른 길을 걸어왔다. 대표적으로 소설 '홍길동전'과 판소리 '춘향전'은 유럽의 근대사회와 마주치기 전에 이미 아래로부터 꿈틀대는 민중의 표현 욕구를 담아낸 문학적 성취였다.

하지만 일본 제국주의의 침략으로 한국은 자주적으로 신분제를 넘어선 사회를 이루는 길을 열지 못했다. 일제강점기에 이어 민족이 분단되면서 유럽의 국민문학과 달리 민족의 역사적 과제를 담아내는 민족문학[20]이 문학이념으로 나타났다. 식민지에서 분단으로, 더구나 300만여 명이 죽은 전쟁을 겪었기에 문학의 과제도 다를 수밖에 없었다.

민족문학은 외세가 개입해 형성된 두 개의 국가, 곧 대한민국과 조선민주주의인민공화국으로 갈라진 분단국가에서 '국민'으로 살아가는 삶의 의미와 그 역사적 조건에 대한 이해를 탐구해 나가야 했다. 민족문학론은 문학을 통해 민족의 삶에 역사적 의미를 부여하고 그것을 문학적으로 형상화하는 데 목표를 두었다.

민족문학론은 역사적 과제를 해결할 주체가 민중임을 인식하며 민중문학론으로 전개되어 갔다. 백낙청이 민족문학을 '대다수 민족 구성원들의 진정으로 인간다운 삶을 위한 문학'으로 정의했다면, 임헌영은 '노동자·농민·진보적 지식인이 생산했거나, 민중을 지향하는 시인·작가에 의해 민중의 현실이 형상화된 문학'을 민중문학으로 정리했다. 분단된 다른 쪽, 북에서는 민족문학 논의가 엉뚱한 방향으로 흘러 '태양민족문학'으로 전개되었다.[21]

민족문학이나 민중문학 논의는 민족구성원 개개인이, 민중 한 사람 한 사람이 모두 문학이라는 문학치료학의 명제를 받아들일 때 한층 풍부해질 수 있다. 문학치료학의 훌륭한 문학작품에 대한 평가 기준은 그대로 인생에 대한 평가로 이어질 수 있다. 나의 삶이 같은 시대를 살아가는 사람들 가운데 그 누구의 자기서사에도 변화를 가져오지 못하면 그 인생은 평작 또는 졸작이라고 평가할 수 있다. 반대로 같은 시대를 살아가는 사람들의 자기서사에 근본적인 변화를 많이 불러올수록 그 인생은 걸작이라고 판단할 수 있다.

어떤 작품이 깊고 큰 서사를 이루어내면 위대한 문학이 되고 그렇지 못하면 보잘 것 없는 작품이 되고 말듯이, 어떤 삶이 깊고 큰 서사를 이루어내면 위대한 삶이 되고 그렇지 못하면 보잘것없는 인생이 된다.

문학은 개인 차원이든 사회 차원이든 인간 삶의 새로운 현실을 보여 주고 그렇게 함으로써 동시대인들의 삶을 한결 풍부하게 해준다. 한 사람 한 사람이 문학이라면, 더욱 그러지 않을까.

미디어 혁명과 불통의 시대
가장 멍청한 세대의 등장과 자아커뮤니케이션
21세기 '아기장수'의 성장과 교양

소통

첫 걸음은 민중 각오의 요구니라.
민중이 어떻게 각오하느뇨?
민중은 신이나 성인이나 어떤 영웅호걸이
민중을 각오하도록 지도해서
각오하는 것이 아니요,
"민중아, 각오하자" "민중이여, 각오하라"
열렬한 부르짖음에서 각오하는 것도 아니오.

역사학자 신채호

미디어 혁명과
불통의 시대

21세기는 인류가 지금까지 살아온 수천
년과 다른 시대를 열어가고 있다. 20세기 말 정보과학 혁명으로 인
류는 지구에서 일어나는 모든 사건을 거의 실시간으로 소통하고 있
다. 근대사회를 살아가던 사람들의 소통이 신문과 방송에 머물러 일
방향의 틀에 갇혀 있었다면, 인터넷에 기반을 둔 미디어들은 쌍방향
소통이 가능한 시대를 열었다.

누구든 컴퓨터나 스마트폰만 가지고 있으면 자신의 생각, 의견,
감정을 다른 사람들과 소통하는 것이 일상이 된 시대다. 존 닐은 호
모 나랜스의 특징인 '말하고자 하는 욕구'가 대중매체의 압도적 영
향 아래서 약화되어 오다가 20세기 말 인터넷이 발달함에 따라 다
시 두드러지게 나타난다고 분석했다.[22]

소셜 네트워크서비스 혁명

•• 실제로 웹 커뮤니티(카페와 동호회)와 소셜 네트워크서비스(SNS, 블로그·트위터·페이스북), 포털 서비스 들에서 글·사진·동영상을 통해 스스로 이야기를 만들어, 전파하며 공유하는 사람들이 빠르게 늘어나고 있다.

미디어 빅뱅(Big Bang)이란 말이 자연스러울 만큼 새로운 미디어들이 줄이어 쏟아지면서, 근대사회를 연 인쇄혁명에 버금가는 세계사적 혁명이 진행 중이라는 분석도 나오고 있다. 미국의 대표적인 보수적 시사주간지 〈타임〉이 한 해를 마무리 할 때마다 발표해 온 '올해의 인물'을 톺아보아도 미디어의 혁명적 전개과정을 실감할 수 있다. 히틀러, 스탈린을 비롯해 세계적 뉴스를 낳은 사람들을 올해의 인물로 발표해 온 〈타임〉은 1983년에 사람이 아니라 '올해의 기계(Machine of the Year)'를 선정했다. 바로 '개인 컴퓨터(Personal Computer)'다. 아직 인터넷은 요람에 있던 시기였다.

지금은 어느새 모두 당연하게 받아들이는 웹(월드와이드웹, www)은 1989년 유럽 입자물리연구소가 세계 곳곳의 물리학자들 사이에 빠른 정보교환과 공동연구를 위해 고안했다. 1991년 들어 인터넷에 연결된 컴퓨터들을 통해 사람들이 정보를 공유할 수 있는 전 세계적인 정보 공간으로 웹의 시대가 열렸다. '세계 규모의 거미집 망'이라는 뜻의 웹은 인류의 소통방식을 혁명적으로 바꿨다.

먼저 1992년 세계 최초의 인터넷신문 〈시카고 트리뷴〉이 선보였고 그로부터 3년 뒤 한국에서도 기존 신문사가 인터넷에 기반을 둔 뉴스 서비스를 시작했다. 곧이어 기존 신문의 인터넷 판과 달리 독자적인 인터넷신문들이 지구촌 곳곳에서 창간되었다. 그에 따라 기존의 신문은 '종이신문'으로 불리기 시작했다.

영국 언론이 "인터넷의 미래를 알려면 한국을 보라"는 특집기사를 내보낼 정도로 한국의 인터넷 문화가 발달해 가던 2006년 말에 〈타임〉은 '올해의 인물'로 특정 인물을 선정하던 방식에서 다시 벗어났다. 그해 올해의 인물은 'You(당신)'. 〈타임〉이 선정한 'You'는 평범한 네티즌으로 동영상 공유사이트와 개인 블로그 등을 통해 전 세계로 미디어의 영역을 넓히고, 새로운 디지털 민주화를 만들었다. 〈타임〉은 2010년에는 올해의 인물로 페이스북 창업자인 마크 주커버그를 선정했다. 주커버그가 발명한 페이스북이 지구촌에서 살아가는 사람들의 10분의 1을 연결했다고 선정 이유를 밝혔다. 주커버그는 자신의 페이스북에 "인터넷은 더 열린 세상을 만들고 세계를 연결시켜 주는 가장 강력한 도구"라고 썼다.

언제 어디서든 다른 사람과 소통할 수 있는 모바일 기기와 SNS는 실시간 정보 네트워크로서 지구촌의 사람들을 하나로 묶어 개인들 사이의 소통뿐만 아니라 사회적 의제를 제시하고 여론화하는 미디어로 진화해 가고 있다. 실제로 '올해의 인물'로 페이스북 창업자를 선정한 바로 그 시점에 북아프리카의 지중해 연안 튀니지에서 26살의 젊은이가 분신자살한 사건이 일어났다.

대학 졸업자로 취업할 곳이 없어 과일 노점상을 하고 있던 청년은 단속공무원들에게 뇌물을 주지 않아 폭행을 당하고 과일과 저울을 압수당한 뒤 항의할 곳조차 없자 온몸에 불을 질렀다. 그때로부터 옹근 30년 전인 1970년 11월에 한국에서 스물두 살 전태일이 노동자들의 억울함을 호소하며 스스로 분신자살 한 사건을 떠올리게 한다.

전태일의 분신은 신문과 방송의 묵살로 시간이 흐른 뒤에야 노동운동의 밑거름이 되었지만, 21세기는 확연히 달랐다. 2010년 12월에도 튀니지의 신문과 방송은 젊은이의 분신자살을 묵살했다. 하지만 인터넷과 모바일을 통해 삽시간에 퍼졌다. 분노한 젊은이들이 거리로 쏟아져 나오고 민중이 실업 해소, 식료품 값 안정, 표현의 자유를 요구하며 가세했다.

처음에 무자비하게 진압한 경찰의 만행 또한 소셜 미디어를 통해 생생하게 전해지면서 24년 내내 독재자로 군림했던 대통령과 그의 가족들은 2011년 1월에 사우디아라비아로 도망쳤다. 무명의 청년이 분신한 지 채 한 달도 안 되었을 때다. 튀니지 혁명을 'SNS혁명'으로 부르는 이유다.

혁명의 불꽃은 소셜 미디어를 타고 이집트로 넘어가 독재정권을 바꾸었고 유럽으로 퍼져 갔다. 그해 9월에는 세계 자본주의의 중심이자 미국의 금융기관과 증권거래소가 밀집해 있는 월스트리트에서 점령운동이 일어나 수만 명이 참가했다. 〈타임〉은 2011년 12월

에 '올해의 인물'로 'Protester'를 선정했다. '항의하는 사람, 시위자'
라는 뜻이다.

불통의 시대

•• 하지만 미디어 혁명이 모두 바람직한 모습으로 나타나고 있는
것은 아니다. 미디어는 분명 폭증하고 있음에도 지구 곳곳에서 소통
은 원활하지 못하고 심지어 불통의 살풍경까지 일어나고 있기 때문
이다.

세계사적 차원에서 보더라도 21세기가 열리자마자 미국에서
9·11테러가 일어났다. 뉴욕의 세계무역센터 건물이 무너져 내린 데
이어 아프가니스탄과 이라크에 미군이 침략해 들어갔다. 2010년대
들어서서는 유럽 도심 곳곳에 이슬람 근본주의자들의 테러가 자주
일어나고 있다. 유럽으로 이민 또는 난민으로 들어간 노동자들과 백
인들 사이에 불통의 양상도 커져가고 있다.

동아시아로 눈을 돌려도 불통의 시대는 확연하다. 중국과 일본,
중국과 미국 사이에 불통의 골이 점점 깊어가고 있다. 남과 북으로
갈라진 한반도에서 소통은 남과 북 사이는 물론이고 남쪽 내부에서,
또 북쪽 내부에서 심각한 양상으로 번져가고 있다.

시야를 남쪽에만 국한하더라도 기득권 세력과 민중 사이에 소통
은 막혀 있다. 한 국가의 민주주의 수준을 가장 잘 평가할 수 있는
지표인 노사관계의 불통 또한 전혀 나아지지 않고 있다. 노동자들

안에서도 정규직과 비정규직 사이, 비정규직과 실업자들 사이에 소통은 막혀 있다. 세대 사이의 갈등도 커지고 있어 미디어 혁명의 낙관적 전망은 사치처럼 들리기도 한다.

정보혁명의 시대라 부르고 한국인들 거의 대다수가 스마트폰을 몸의 일부처럼 달고 다니지만 민주주의가 무엇인가에 대해서도 소통은 자유롭지 않다. 2012년 대선에서 야당의 대선후보로 나서 박근혜와 근소한 차이로 패배한 문재인을 겨눠 서슴없이 '공산주의자'로 공격하는 나라에 우리는 살고 있다. 다름 아닌 공영방송 문화방송의 이사장 말이다.[23] 반민주적 '신념'을 지닌 윤똑똑이는 그 사람에 그치지 않는다. 한국방송공사 이사장에 취임하기 전에 이인호는 민족문제연구소가 친일파들을 중용한 이승만을 비판하는 영상을 만들자 당시 대통령 박근혜와 만난 자리에서 "이런 역사 왜곡도 국가안보 차원에서 주의 깊게 봐야 할 것 같다"고 '밀고'했으며, 박근혜는 수첩에 그의 말을 적기도 했다.[24] 그럼에도 한국에서 발행부수가 가장 많은 신문의 고문 김대중은 시대착오적 색깔몰이를 비판하기는커녕 2017년 대선에서도 후보에게 '사상검증'을 주장하고 나섰다.

민주주의 사회에서 소통을 책임져야 할 언론기관들이 오히려 소통을 가로막는 모습은 이 땅에 뿌리가 깊다. 대다수 사람이 '민중'이란 말을 '좌파 용어' 쯤으로 이해하며 기피하고 있는 가장 큰 이유는 한국의 신문과 방송들이 그렇게 보도하고 논평해 왔기 때문이다. '민중 주권' 개념에 대해서도 박근혜 정부를 비롯해 언론인, 대학교수들, 심지어 헌법재판소마저 마치 '국민 주권'과 반대 개념이라도 되는 듯이 '색깔론'을 편 것은 그들의 교양 수준이 얼마나 천박한가를 스스로 폭로한 언행에 지나지 않는다.[25]

그들에 따르면 미국에서 가장 존경받는 대통령으로 꼽히는 링컨도 '좌파'가 된다. 우리가 익히 들어온 민주주의에 대한 정의, 링컨(Abraham Lincoln)이 말한 '국민의, 국민에 의한 국민을 위한 정부'의 원문이 바로 "the government of the people, by the people, for the people"이다. 여기서 '국민'이라는 번역어는 말 그대로 국적을 지닌, 또는 국가에 귀속된 모든 사람을 뜻하기에 피플의 번역어로 적절하지 않다.

영어 '피플(people)'의 번역어가 '국민'과 '민중' 가운데 무엇이 옳은가에 대해선 명확한 인식이 필요하다. 'people'은 라틴어의 'populus'라는 말에서 비롯했다. 역사적으로 의미가 변화되어 왔지만, '피지배자'라는 의미와 '국가와 사회의 주인'이라는 두 의미를 모두 지녀 왔다. 유럽에서 귀족에 대립되는 개념으로 사용되었던 이 말(인류의 역사를 톺아보면 고대부터 왕족과 귀족들의 지배 아래 억압받고 착취당하면서도 직접 생산에 나섬으로써 물질적으로도 정신적으로도 문화의 창조를 떠받쳐 온 사람들을 발견할 수 있다. 바로 그들이 '피플'이다.)은 시민혁명을 거치면서 단순한 피지배자가 아니라 국가와 사회의 주인이라는 인식이 보편화되기 시작했다.

따라서 국민은 '권력이나 자본을 지닌 극소수'와 대다수인 민중으로 크게 구분된다. 그런데 대한민국 헌법이 '모든 권력은 국민으로부터 나온다'고 선언할 때, 논리상 그 '국민'은 권력을 지닌 사람일 수 없다. '권력이 없는 사람들에게서 권력이 나온다'로 해석해야 옳다. 한 국가의 모든 권력(정치 권력과 경제 권력인 자본을 포함)은 지금 권력을 쥐고 있는 사람이 아닌 국민, 곧 민중으로부터 나온다는 게 민주국가의 헌법정신이다. 하지만 정보혁명 시대에 민중 주권과 국민 주권을 대립되는 개념으로 파악하는 사람들이 언론을 통해 확대재생산 되고 있다.

한국 사회의 비상식적인 교양

•• 신문과 방송이 '민중'을 불온한 색깔로 칠하면서 '민중총궐기 대회'에 참여한 사람들과도 소통을 전혀 할 수 없는 사람들이 한국 사회에서 양산되고 있다. 2015년 11월에 열린 민중총궐기대회에 기존 신문과 방송은 민중들의 요구는 거의 보도하지 않은 채 가두행진을 막는 경찰과 충돌하면서 벌어진 폭력 양상만 부각해 보도했다. 그 대회에서 예순아홉 살 농민이 경찰이 쏜 물대포를 맞아 쓰러진 뒤 열 달 넘게 사경을 헤매다가 운명했을 때, 한 대학 3학년이라고 밝힌 여학생이 "백남기 사망 – 지긋지긋한 시체팔이"라는 글[26]을 인터넷매체 '뉴데일리'에 올렸다.

자신을 '거룩한 대한민국 네트워크 회원, (사)대한민국 건국회 청년단 회원'으로 밝힌 정치외교학과 학생의 정치의식은 민주시민이

갖춰야 할 기초 교양은 물론, 인간의 존엄성에 대한 최소한의 예의 조차 결여되어 있다.

정치의식의 황폐화와 비인간화는 비단 대학 3학년생의 '교양'에 서만 볼 수 있는 것은 아니다. 대학교수조차 똑같은 모습을 드러냈 다. 건국대학교 이비인후·두경부외과 교수 이용식은 백씨가 사망한 뒤 인터넷신문 '뉴데일리'와의 인터뷰에서 자신의 '영상 부검'만으 로도 충분히 사인을 알 수 있는 사건이라며 '백남기 씨는 괴한이 가 한 폭행에 의해 얼굴과 머리에 큰 상처를 입고 사망한 것'이라고 주 장했다. 의학 전문가를 자처한 교수 이용식은 '만약에 이번 사건을 두고 공권력에 책임을 묻는다면 이 사건은 국가를 상대로 한 자해 공갈 사기극이라는 비난을 면치 못할 것'이라고 단언했다.

비정상적인 교양은 대학총장에게도 발견된다. 조갑제는 1980년 5·18 항쟁 당시 광주에 '북한군 특수부대 1개 대대가 들어갔다'는 탈북자의 증언이 화제가 되었을 무렵, 서울 근교 대학교에 강연하러 갔을 때의 경험을 기사화했다. 그 대학총장은 '광주에 북한군이 들 어온 것 맞죠?'라고 물었고 자신이 부정하자 "실망한 표정을 지었 다"고 밝혔다(조갑제닷컴, 2016. 5. 16).

대학총장만도 아니다. 박근혜 정부가 한국방송공사 이사로 임명 한 인터넷신문 '미디어펜'의 '주필' 조우석은 "국민 뜻 모아 좌익혁 명의 큰 깃발 올리자?"라는 제목의 칼럼에서 2016년 11월부터 벌어 진 촛불집회와 '박근혜 퇴진' 요구를 '4·19와 광우병 난동이 하나로 합쳐져 썩 고약한 양상을 보인다'며 '그토록 걱정해오던 종북 좌익 혁명의 카운트다운이 급기야 이 땅에서 시작됐다는 점이 실로 견디기 어렵다'고 말했다. '종복 좌익혁명의 큰 깃발을 하루 빨리 끌어내려야 한다'고 주장한 그는 심지어 2016년 4월 새누리당이 패배한 총선 결과도 '선거를 통한 좌익혁명 전주곡'이라고 비난했다.

물론, 그들이 다수는 아니다. 하지만 그렇다고 가볍게 볼 문제도 아니다. '일베'와 같은 특정 사이트만이 아니라, 두 공영방송의 이사장, 인터넷신문 주필, 대학총장과 교수에게서도 황폐화된 교양을 발견할 수 있기 때문이다. 이들의 언론활동이 늘어나고 세력화가 조금씩이라도 커져 간다면 한국 민주주의는 실질적 차원은 물론 절차적 차원에서도 크게 후퇴할 수 있다.

가장 멍청한 세대의 등장과
자아커뮤니케이션

모든 사람이 실시간으로 소통할 수 있는 미디어의 혁명적 발전이 긍정적 결과만 낳지 않고 불통도 강화한다는 사실을 살펴보았다. 정보와 지식이 넘쳐나는데도 현실과 전혀 동떨어진 주장을 고집하는 사람들을 어떻게 이해할 수 있을까.

정보과학기술이 가장 발달한 미국 사회에서 그 이유를 분석한 두 학자의 주장에 귀 기울여 볼 필요가 있다. 대학교수 마크 바우어라인은 디지털 시대의 젊은이들을 서슴지 않고 '가장 멍청한 세대(The Dumbest Generation)'라고 단정했다. 젊은이가 시간과 기회를 낭비하는 것은 시대를 막론하고 언제나 있었던 일이지만, 오늘날은 그런 습관을 야단스럽고 지속적인 것으로 한 단계 끌어올렸다고 꼬집기도 했다. 바우어라인은 한 여학생이 방송 인터뷰에서 자신이 독서를 우습게 여긴다는 것을 자랑스럽게 알리는 모습을 보며 "그 학생은 자신의 반문학적 취향에 전혀 부끄러움을 느끼지 않았고, 자신이 정신적으로 빈곤하다는 사실을 인식하지도 못했다"고 기록했다. 독서를 노골적으로 무시하는 새로운 현상 앞에 바우어라인은 "물론 이전 세대도 숙제나 과제를 혐오했으며 시대의 지적 흐름에 동참한 이는 소수에 불과했다. 하지만 이런 식으로 책과 담을 쌓은 의사 문맹(글을 읽을 줄은 알지만, 독서는 하지 않는 사람)이라고, 자기 또래에서 이게 당연한 거라고 자랑스럽게 떠들어댄 세대는 없었다"고 개탄했다.

같은 시기에 미국 정보기술 사상가 니콜라스 카는 현대인들이 '천박한 사람들(The Shallows)'로 전락해 간다고 경고했다. 카가 쓴 글의 '나'는 누구인지 성찰해 보자.

"인터넷 사이트와 서비스에 익숙해지고 의존하게 되면서 나의 습관과 일상생활의 많은 부분이 변하고 있는 것도 정상은 아니었다. 나의 뇌가 기능하는 방식이 바뀐 듯했고, 나는 한 가지 일에 몇 분 이상 집중하지 못하는 무능력함을 걱정하기 시작했다. 처음에는 중년에 들어서면서 머리가 무뎌져 일어나는 현상이라고 생각했다. 하지만 나의 뇌가 단순히 일시적으로 표류하는 정도가 아님을 깨달았다. 나의 뇌는 굶주려 있었다. 뇌는 인터넷이 제공하는 방식으로 정보가 제공되기를 바랐고, 더 많은 정보가 주어질수록 더 허기를 느끼게 된 것이다."

바우어라인이 젊은 세대를 분석했다면, 카는 중년 세대를 짚은 셈이다. 하지만 '천박한 사람들'은 세대를 넘어 퍼져 있다. 훑어보고, 건너뛰고, 멀티태스킹을 하는 데 사용되는 신경 회로는 확장되고 강해지는 반면 깊고 지속적인 집중력을 가지고 읽고 사고하는 데 사용되는 부분은 약화되거나 또는 사라지고 있다는 과학적 분석은 적잖은 이들에게 섬뜩하게 다가올 성싶다.

물론, 미국에서 나타난 현상을 곧장 한국에 대입할 필요는 없다. 평균적인 한국인과 미국인은 한국과 미국의 경제적 격차만큼 삶의 조건에 차이가 있다. 그럼에도 디지털 혁명이 일궈낸 각종 뉴미디어의 폭증이 네티즌을 멍청하고 천박한 인간으로 만들 개연성은 한국 사회에서도 예외일 수 없다.

정보혁명과 민중

•• 세계적으로 인터넷이 처음 등장하고 정보혁명이 인류의 미래를 장밋빛으로 바꿀 것이라고 예찬하던 1980년대는 한국 사회에서 '민중의 시대'로 기억되고 있다. 1980년 5월 민주화운동과 1987년 6월 항쟁, 뒤이은 노동운동과 통일운동의 폭발적 성장은 민중의 시대라는 정의에 충분히 값한다. 그런데 그로부터 30년이 흘러 인터넷이 지구화한 지금, 미국에서는 정보혁명이 '가장 멍청한 세대'를 낳았다는 우울한 담론이, 한국에서는 '민중의 죽음'이라는 음울한 담론이 힘을 얻고 있다.

'민중'이란 말의 죽음은 실제로 한국 사회구성원들의 국내외 통계에서 확인할 수 있다. 대한민국은 10년 넘도록 자살률 1위 국가다. 사회 모든 영역에서 경쟁을 조장하고 있어 젊은 여성들이 아이 낳기를 꺼려해 출산율은 세계 꼴지 수준이다.

무엇보다 민주화 이후 시간이 갈수록 노동자들은 시장 상황에 무력하게 휘둘리는 종속적인 지위로 빠져들었으며 박근혜 정부 들어 가속화했다. 국제노총(ITUC)이 세계 141개국 노동권 현황을 조사해 발표한 2016년 보고서에 따르면 한국은 3년 연속 노동자 권리를 제대로 보장하지 않는 나라로 꼽혔다.

ITUC가 발표한 세계 노동권리 지수(GRI)에서 한국은 5등급인 '노동권이 지켜질 보장이 없는(No guarantee of right) 나라'에 들어갔다. 한국과 함께 5등급 나라는 중국·이집트·방글라데시·과테말라·이란·짐바브웨 등 24개국이다. 5등급보다 낮은 5+등급이 있긴 하지만 5+등급은 '내전 등의 상황으로 노동기본권이 보장될 수 없는 나라'이다. '권리 침해가 불규칙적인' 1등급 국가는 오스트리아·덴마크·핀란드·스웨덴을 포함한 13개국이다. 일본·브라질 등 22개국은 2등급(권리침해가 반복되는), 헝가리·이스라엘 등 41개국은 3등급(권리침해가 정기적인), 미국·폴란드 등 30개국은 4등급(권리침해가 체계적인)이다. 한국이 ITUC 노동자권리지수 조사 결과에서 3년 연속 최하위인 5등급을 기록한 사실을 대다수 언론은 외면했다.

노동만이 아니다. 민주주의에 대한 얕은 소통은 실제 민주주의의 위기로 나타나고 있다. 국제단체(영국 이코노미스트 인텔리전스 유닛, EIU)가 발표한 2015년 민주주의 지수에서 한국은 '완전한 민주주의' 그룹에서 '미흡한 민주주의' 그룹으로 추락했고, 국경없는기자회(RSF)가 해마다 발표하는 '언론자유 지수 순위'에서 한국은 2015년 순위보다 10계단 하락하여 2016년에 역대 최저인 70위를 기록했다. 이는 노무현 정부 시절인 2006년 31위와 비교하면 큰 폭으로 추락한 것이다.

국경없는기자회는 박근혜 정부가 "언론의 독립성을 위협하고 있다"라고 지적했다. 프리덤하우스 조사에서도 한국은 '언론 자유국'에서 '부분적 언론 자유국'으로 등급이 낮아졌다. 2015년 언론 자유 지수에서 나미비아와 함께 공동 67위를 차지했는데 이는 파푸아뉴기니와 수리남보다도 10계단이나 낮은 순위다.

새삼 국내외의 우울한 통계를 적시하는 이유는 인터넷에서 얼마든지 확인할 수 있는 정보들임에도 모르는 구성원들이 더 많고 여전히 "한국이 아직도 민주화 되지 않았다는 거냐?"라고 눈을 부라리는 사람들이 적지 않기 때문이다.

앞서 언급한 두 공영방송의 이사장, 대학교수, 언론인, 헌법재판관, 대학생의 '교양'만 두고 하는 말도 아니다. 촛불집회에 나선 사람들 속에서도 '민중'이나 '노동자'란 말에 알레르기 반응을 일으키는 이들이 적지 않았다. 그 이유를 우리는 신문과 방송의 오랜 왜곡 보도에서 찾을 수 있다. 다만 매스커뮤니케이션의 문제 못지않은,

어쩌면 인터넷 시대에는 그보다 더 큰 이유를 자아커뮤니케이션에서 찾을 수 있다.

자아커뮤니케이션

•• 흔히 소통을 대인커뮤니케이션이나 매스커뮤니케이션의 문제로 인식하지만, 더 근원적인 소통은 '내면적 소통(Intrapersonal Communication)'이라 할 수 있다. 바로 자아커뮤니케이션이다.

자아 개념에 이미 소통이 담겨 있다. 자아 개념(self-concept)은 '자신이 스스로 느끼는 나'만으로 구성되지 않는다. '나에게 중요한 다인이 생각하는 나'와 '일반인들이 생각하는 나'가 모두 들어 있다. 학자들은 그것을 반사평가, 사회적 비교, 자아지각으로 개념화했다. 자아커뮤니케이션 이론으로 보면 우리 개개인은 내부에서 자아끼리 대화를 한다. 자신이 자신과 주고받는 내면의 대화가 우리의 태도와 행동을 결정한다.

문제는 그 '대화'도 소통이 자유롭지 않다는 데 있다. 자아커뮤니케이션 이론은 그것을 '지각의 불완전성'으로 개념화했다. 우리가 자신과 소통할 때 경계해야 할 불완전성은 삭제, 왜곡, 일반화를 들 수 있다.

첫째, 삭제(deletion)다. 자신이 흥미를 느끼거나 관심 있는 정보에 대해서만 선택적으로 관심을 보임으로써 그 밖의 정보들은 아예 받아들이지 않는 것을 말한다. 특정 정치인을 좋아할 때, 그 정치인의 부도덕한 사실이 드러나거나 비판적 정보들이 나와도 전혀 받아들이지 않는 모습을 적잖게 볼 수 있다. 자신의 '신념'과 어긋나는 지식은 모두 삭제함으로써 자신이 강화되고 있다고 착각한다.

둘째, 왜곡(distortion)은 외부로부터 들어오는 정보를 있는 그대로 받아들이지 않고 자신의 주관에 따라 '각색'해서 지각하는 경향이다. 자신의 무의식적 욕구나 주관적 평가에 따라서 현실을 실제와 다르게 인식한다. 자신의 신념과 가치를 지지하는 정보만 얻으려 하기 때문에 일어난다.

셋째, 일반화(generalization)는 자신의 특정한 경험을 전체 혹은 모든 것을 대표하는 경험이나 사건으로 고착하는 경향이다. 단편적 사실이나 증거만을 바탕으로 단정 지어 판단하는 사람들을 많이 볼 수 있다.

삭제, 왜곡, 일반화는 지각의 여과장치(perceptual filters)가 된다. 물론, 인간이 자연과 사회 속에서 살아가려면 지각 여과는 불가피한 측면이 있다. 신경언어학 쪽에선 인간에겐 순간순간마다 200만 비트(bits)의 정보가 유입된다고 한다. 하지만 그 정보들 가운데 여과를 통해 오직 134비트의 정보만 받아들인다. 200만 비트의 정보 가운데 134비트의 정보만 수용하는 '여과'의 수준을 실감나게 굳이 비교하자면 한 권의 책을 읽을 때 몇 개의 단어만 기억하는 정도다. 그 맥락에서 본다면 지각의 여과는 불가피하고 나아가 좋은 일이기도 하다. 만일 순간순간마다 200만 비트의 정보를 다 받아들인다면 대다수 인간은 큰 정신적 혼란을 겪을 수 있기 때문이다.

따라서 삭제, 왜곡, 일반화의 오류를 벗어나려면 의식적 노력이 필요하다. 예를 들어보자. 외계인이 지구가 종말을 맞는 날을 점지했다고 믿는 사이비 종교 집단이 실제로 존재했다. 예언한 그날이 다 지나도록 지구에는 아무 일도 없었다. 문제의 종교 집단구성원들이 '사기'라며 모두 떠났을까. 아니다. 신도들은 실망하지 않았다. 더 극성으로 포교 활동에 나섰다. '인지부조화 이론'을 내놓은 사회심리학자 리언 페스팅거는 명쾌한 결론을 내렸다. 인간은 현실이 자신의 믿음을 배반할 때 그 믿음을 버리지 않고 현실을 믿음에 맞춰 재해석하는 경향이 있다는 것이다. 지구가 종말한다는 예언이 현실로 나타나지 않자 사이비 종교집단의 신도들은 '지구가 멸망하지 않은 것은 자신들이 정성껏 기도했기 때문'이라고 믿었다.

지각의 불완전성과 지각 여과는 인간이 주체적으로 살아가기가 생각보다 쉽지 않다는 진실을 일러준다. 장 폴 사르트르는 인생은 "B(birth)와 D(death) 사이"에 있다며 순간순간을 주체적으로 선택(choice)해 살아가라고 강조했다. 당연히 그 선택은 하나 뿐인 인생을 살아가는 자기 자신의 결정이어야 한다.

은행 저금식 교육

•• 현실은 녹록하지 않다. 스스로 선택한 것이 얼마나 주체적인가를 마땅히 살펴야 한다. 사람들이 자신이 지녀온 가치나 태도에 적

합한 소통에는 적극 노출하지만 그렇지 않은 소통은 기피하려는 경향을 선택적 노출(selective exposure)이라고 한다. 비슷한 개념으로 선택적 지각, 선택적 주목, 선택적 기억들이 있다.

스스로 선택했다고 하더라도 그 선택에는 기존의 가치나 태도가 개입되어 있게 마련이다. 더구나 '의무교육'이라는 이름 아래 주입식 교육을 초중등학교에서 가르친다면 이미 누군가가 결정해 놓은 길을 따라가면서도 '자발적 선택'이라고 오해하기 십상이다. 브라질의 세계적 교육학자 프레이리는 일찍이 '은행 저금식 교육(banking education)'을 다음과 같이 간추렸다.

① 교사는 가르치고, 학생들은 가르침을 받는다.

② 교사는 모든 것을 알고, 학생들은 아무 것도 모른다.

③ 교사는 생각하고, 학생들은 생각의 대상이 된다.

④ 교사는 말하고, 학생들은 얌전하게 듣는다.

⑤ 교사는 훈련시키고, 학생들은 훈련받는다.

⑥ 교사는 자신의 선택을 강요하고, 학생들은 그것에 동의한다.

⑦ 교사는 행동하고, 학생들은 교사의 행동을 통해서 행동한다는 환상을 갖는다.

⑧ 교사는 지식의 권위를 자신의 직업상의 권위와 혼돈하여 그 권위로써 학생들의 자유를 억압한다.

⑨ 교사는 학습과정의 주체이고, 학생들은 단순히 객체일 뿐이다.

21세기 들어 교육현장에서 새로운 시도들이 전개되고 있지만, 적어도 지금의 40대 이상이 초중등학교에서 받은 교육은 은행 저금식이었다. 교육정책이 적잖게 달라졌다고 하지만 오늘날의 초중등 교육이 얼마나 근본적으로 바뀌었는지는 회의적이다.

은행 저금식 교육에서 교육은 '전달하는 것'이 되어 학습자들은 단순히 '구경꾼'에 머문다. 학교를 졸업하고 어른으로 삶을 살아가는 과정에서도 참여하고 스스로 결정하기보다는, 구경하고 방관하는 사람이 된다.

은행 저금식 교육에서는 학생들이 지식의 양을 더 많이 저축할수록 비판적 의식은 그만큼 약해진다. 지식만을 축적하고 그것을 맹목적으로 믿고 따르는 인간으로 커 가는 셈이다. 존재보다 소유를 더 중시하는 사회에서 사회화된 사람들의 선택이 얼마나 자유로울지는 깊이 성찰하지 않아도 쉽게 답할 수 있는 문제다. 한국 사회에 퍼져 있는 맹목적 소유 욕망, 부의 축적이 사람의 가치를 결정한다는 착각, 그래서 가지지 못한 사람들을 (드러내든 감추든) 업신여기는 태도 따위가 모두 은행 저금식 교육에서 비롯했다는 분석도 있다.

은행 저금식 교육과 인터넷이 만날 때 얕고 가벼운 소통이 홍수를 이루며 멍청하고 천박한 사람들을 양산할 가능성은 커질 수밖에 없다. 적어도 어른이 되는 길목에서 한 번쯤은 자신이 걸어온 길을 조용히 톺아보아야 할 까닭이 여기 있다.

어른의 교양

21세기 '아기장수'의 성장과 교양

         가난하지만 화목한 부부 사이에 아들이 태어났다. 부부는 더할 나위 없이 기뻤다. 하지만 기쁨은 시나브로 사라졌다. 태어난 아기의 겨드랑이에 날개가 돋아나더니 이내 날아다니고 힘이 셌다. 부부는 이 아기가 크면 장차 역적이 되어 삼족이 몰살당할까 두려웠다. 어머니가 고심 끝에 아기를 맷돌로 눌러 죽였다. 아기는 죽을 때 콩 다섯 섬과 팥 다섯 섬을 함께 묻어 달라고 당부하며 비밀을 지켜 달라고 하소연했다. 얼마 뒤 이미 소문을 들은 관군이 아기를 잡으러 왔다. 어머니의 실토로 무덤을 열어 보니 콩은 말이 되고 팥은 군사가 되어 막 일어나려 하고 있었다. 결국 아기장수는 거사 직전에 관군에게 들켜 다시 죽었다. 아기장수를 태울 용마가 나타나서 주인을 찾아 울며 헤매다가 연못에 빠져 죽었다.

한국의 골골샅샅에서 전승되어 온 대표적 광포설화 '아기장수'
이다. 지역마다 이야기의 전개가 조금씩 다르지만 큰 줄거리는 어금
버금하다. 평범한 집안에 태어난 비범한 아기가 '역적'이 될지 모른
다는 두려움 때문에 부모로부터 죽임을 당하는 비극이다.

아기장수 설화와 소통

•• 아기장수 설화의 비극에는 민중의 좌절감이 담겨 있다는 평가가
지배적이었다. 세상을 바꿀 장수가 출현하리라는 기대가 담겨 있다
는 분석이 나오기도 했지만 주된 흐름은 아니었다.

그런데 '아기장수' 설화를 소통(커뮤니케이션)의 관점에서 접근할
필요가 있다. 인쇄술이 발달하지 못하고 기록문학이 지배계급 사이
에만 유통되던 신분제 사회에서 설화는 민중이 현실을 인식하고 소
통하는 미디어였다.

설화를 들려주고 들을 때, 그 설화가 어떤 '효과'를 주었을까는
시대마다 다를 수밖에 없지만, 적어도 아기장수 설화가 순종이나 방
관을 유도했다고 보기는 어렵다. 만일 그랬다면 민중에게 사랑받지
못해 널리 퍼지지 못했을 터다.

아기와 어머니 사이에 일어난 참담한 비극은 오히려 세상을 바
꾸겠다는 의지를 불러일으키는 문학적 효과를 불러올 수 있다. 자식
의 미래를 위해 헌신을 아끼지 않는 어머니 상이 뿌리 깊은 사회라
면 더욱 그렇다. 설화는 또 세상을 바꾸려면 기다림과 치밀한 준비

_____ 어른의 교양

가 필요하다는 교훈을 담고 있다. 따라서 오랜 세월 민중의 사랑을 받아 전승되어 온 아기장수 설화가 주는 현재적 의미는 시대 상황에 따라 다를 수 있다.

사회적 갈등이 표면으로 드러나고 민중 사이에 체제에 대한 저항의식이 높아갈 때 아기장수 설화의 자기서사는 순종과 방관이 아닌 능동적 실천으로 봉기를 추동할 가능성이 높다. 실제로 조선 왕조 후기(특히 19세기를 보수적 역사학자든 진보적 역사학자든 두루 '민란의 세기'라고 부른다.)에 아래로부터의 변혁적 움직임이 활발했던 배경에는 아기장수의 광포설화가 깔려 있다고 추론할 수 있다. 분노를 자아내고 변혁의 열망을 가슴 깊은 곳에서부터 타오르게 하는 설화가 더 많이 소통되어 공유될수록 민중의 정치의식은 한 단계 높아질 수밖에 없다.

아기장수는 부당한 권력에 순종 의식이 내면화됨으로써 자기서사를 망각한 채 살아가던 사람들에게 내면의 소통을 가능케 해주었다. 때에 따라서는 변혁주체를 묶어세우는 '미디어'였다. 21세기를 살아가는 우리에게도 그 현재적 의미는 클 수 있다.

아기장수 설화는 민중들로 하여금 '내 안의 아기장수'를 발견하는 효과도 주었을 가능성이 크다. 어른이 되어 아기장수 설화를 서로 주고받을 때, 어린 시절에 들은 그 설화를 자신의 자녀들에게 들려줄 때, 송신자 또한 '내 안의 아기장수'를 떠올릴 가능성이 높다. 그때 자기를 죽인 '어머니'는 바로 권력이 만든 구조나 틀에 순응 또

는 적응해 온 자기 자신이라는 자각이 일어날 수 있다.[27]

낳아 준 어머니와 달리 누구에게나 정신적으로 거듭나는 과정은 스스로를 모태로 한다. 사람은 누구나 두 번 태어난다고 하지 않은가. 육체적 독립과 정신적 독립이 그것이다. 자아소통의 논리로 본다면, 권력에 굴종하는 '어머니'는 아기가 어른이 되기까지 지배세력이 요구하는 틀에 맞춰 온 자기 자신이 된다.

부모가 되어 자녀에게, 어른이 되어 다음 세대에게, 아기장수 설화를 들려주는 사람의 내면에서 '어머니'는 바로 지나온 자신의 삶, 이미 내면화된 지배 질서라는 각성이 일어날 수 있다. 결국 아기장수 설화는 세상이 얼마나 잘못되어 있는가를 비극적으로 보여 주고 소통함으로써 세상을 바꾸는 의지를 북돋아 주는 영원한 생명력으로 각 시대별 현재에 영향을 주어 왔다는 평가가 가능하다.

무릇 변혁 운동에서 객관적 조건이 아무리 무르익어도 주체가 실천에 나서지 않거나 못한다면 아무런 성과도 거둘 수 없다. 주체인 민중의 구성이 다양하고 분할 통치하는 권력의 지배전략이 일상적으로 관철되고 있기에 더욱 그렇다.

문제 제기식 교육

•• 주체적 각성과 객관적인 시대상황이 맞물릴 때마다, 민중이 새로운 역사를 일궈 왔다고 본다면 21세기인 지금도 아기장수 설화의 의미는 살아 있다. 아기장수를 죽인 '어머니'가 바로 지나온 자신의

삶, 이미 내면화된 지배질서라는 인식에 이를 때, 자신을 새로 정립하는 학습이 절실할 수밖에 없다. 그것이 교양이다.

끝내 어른이 되지 못한 아기장수, 그 아기장수가 어른으로 커가는 길에 갖춰야 할 교양은 누군가 지식을 주입해 주거나 정보를 축적하는 방식일 수 없다. 아기장수의 공부 방법을 모색할 때, 프레이리가 제시한 '문제 제기식 교육'을 짚어 볼 필요가 있다. 누가 누구를 일방적으로 가르치지 않으며, 그렇다고 혼자 공부하는 것도 아니다. 미리 만들어진 답안을 외우기만 하고 축적만 하는 '은행 저금식 교육'과 대비되는 학습 양식으로서 프레이리가 제시한 '문제 제기식 교육(problem posing education)'의 핵심은 다음과 같다.

① 세계는 학습자 스스로의 노력에 의해 이해하고 알 수 있는 대상이다. 앎의 행위는 자신의 존재, 환경, 욕구, 운영 등에 의해 형성되고 자극되어 이루어진다.

② 역사적 세계는 인간이 그렇듯이 끊임없이 생성되는 과정에서 인간의 행위에 의해 만들어지고 형성되는 창조적 실재다. 학습자는 인간의 행동에 의해 만들어진다.

③ 학습자는 자신의 삶의 조건과 어떻게 관계를 맺고 있는지를 배워야 한다.

④ 학습자는 실재의 '새로운 창조'와 '새로운 존재'의 가능성을 중시하고, 이를 통해 새로운 역사가 만들어진다는 사실을 중요하게 고려해야 한다. 새로운 창조는 참여자의 목소리가 담겨진

집단적으로 공유된 사회적 사업이다.

⑤ 학습자는 문해[28]의 과정에서 그 중요성을 알게 되고, 역사를 새로 창조하는 과정에서 자신의 잠재력을 경험한다.

⑥ 학습자는 잘못된 믿음이 어떻게 존재하였고, 억압을 유지했는지 파악한다.

프레이리가 제시한 문제 제기식 공부에서 열쇠는 '소통'이다. 세상과의 소통, 역사적 세계와의 소통, 사회적 조건과의 소통, 자신의 잠재력과의 소통이 그것이다. 학습하는 자신은 물론 세상을 생성되어 가는 과정에 있다고 본 점, 새로운 실재를 창조해 가야 한다는 주장은 언제 되새겨 보아도 늘 신선하다.

아기장수 설화가 광포되었던 시대와 달리 오늘날의 민중인 네티즌이 살고 있는 21세기는 정보과학기술 혁명으로 소통의 길이 활짝 열려 있다. 지구촌을 모두 연결한 인터넷으로 온 세계를 드나들면서 자신이 원하는 정보를 자유롭게 활용하며 그것을 남에게 전달할 수 있다. 지금 이 순간도 트위터, 페이스북, 블로그, 카카오톡으로 다채롭게 언론 활동을 벌이는 자신의 일상을 있는 짚어 볼 필요가 있다. 네티즌들의 언행은 전통적 의미의 언론인의 활동과 다르지 않다. 언론기관에 몸담고 직업으로 활동하지 않을 뿐이다. 인터넷에서 취재한 지식이나 정보는 물론, 자신의 주장이나 시각을 남에게 전달하는 순간, 그는 원하든 원치 않든 이미 언론인으로 활동하는 셈이다. 정보의 생산능력과 발신능력을 모두 지니고 있기 때문이다.

현대인의 소통

•• 21세기를 살아가는 현대인들은 스스로 자신이 언론활동을 하고 있다는 자기인식이 필요하다. 그때 '아기장수' 설화는 적잖은 시사점을 준다. 인류 역사상 그 어느 때보다 지적 성숙의 조건을 갖춘 네티즌이 '가장 멍청한 세대' 또는 '천박한 인간들'로 전락한다면, 지배세력이 만들어놓은 틀(설화 아기장수에서 그것은 '어머니'로 표상된다.) 안에서 미처 벗어나지 못한 네티즌 개개인이 자기를 살해한 결과일 터다. 비유하자면 네티즌은 오늘의 '아기장수'다.

그 점에서 우리 모두는 경계선에 있다. 어른이 되지 못한 아기장수로 남을 것인가, 아니면 어른으로 성숙할 것인가 선택해야 한다. 아기가 자신의 가능성을 구현하며 어른으로 성숙하는 과정은 권력의 눈치를 보며 자신의 잠재력을 죽일 수밖에 없는 사회를 넘어 민주주의를 실현하는 과정과 맞물릴 수밖에 없다.

정치학에서 민주주의에 대한 가장 보편적이고 간명한 정의는 '자기통치(self-governing)'다. '민중이 스스로 다스리는 정부'라는 민주주의의 이상을 구현하려면, 가장 중요한 것은 주권자로서 민중의 역량강화(empowerment)다. 민중이 자기통치의 주체가 되려면 세상에 대해 정보와 지식을 충분히 갖추고 있어야 한다. 정보혁명 시대의 민중은 정보 홍수 속에서 '가장 멍청한 세대'로 명명 받을 만큼 윤똑똑이 될 가능성과 '자기통치'라는 민주주의 이상을 실현할 주권자 될 가능성을 모두 지니고 있기에 더욱 그렇다.

민주주의의 정의로서 민중의 자기통치가 지나치게 이상적이라면, 적어도 숙의민주주의는 일궈내야 한다. 하버마스가 이론화 한 숙의민주주의(deliberative democracy)는 공적인 사안들에 관한 토론과정에 민중의 자유롭고 평등하고 열린 참여를 실현시킴으로써 민주주의의 수준을 진전시키려는 소통전략이다. 소통으로 높은 품질의 여론을 형성하고, 의사결정 과정 또한 질적으로 성숙할 수 있다. 숙의 민주주의의 기초는 커뮤니케이션, 곧 소통에 있다.

물론, 숙의민주주의 또한 민중의 자기통치 못지않게 이상적이어서 현실에 걸맞지 않는다고 볼 수 있다. 니콜라스 카가 지적했듯이 정보혁명 시대를 살아가는 사람들에게 지적 쇠퇴의 가능성은 분명 존재하고 있다.

20세기 후반에 뇌 과학이 발전하면서 뇌가 가소성을 지닌다는 사실이 확인되었다. 가소성은 유전자가 지닌 정보가 특정 환경에 따라 특정 방향으로 변화하는 정도, 뇌가 변화하는 정도를 이른다. 우리의 뇌는 인터넷을 더 많이 사용할수록 그만큼 더 산만해지도록 훈련받게 되고, 이를 통해 정보는 대단히 빠르고 효율적으로 처리하지만, 지속적인 집중은 불가능해졌다. 하이퍼링크, 검색엔진, 멀티미디어 등 인터넷의 특징들은 우리의 뇌가 대상을 이해하고 기억하는 능력을 약화시켰다.

가소성은 뇌 안에서 훈련되지 않고 방치되는 회로는 약화되거나 와해될 수 있다는 의미이지만 동시에 육체적·정신적 훈련을 통해

_____ 어른의 교양

더욱 강한 회로를 만들 수 있다는 의미도 된다.

무릇 소통을 뜻하는 영어 '커뮤니케이션'과 공동체를 뜻하는 '커뮤니티'는 모두 '공통되는' 또는 '공유한다'는 라틴어 'communis'에서 비롯했다. 비단 말 뿌리만 동일하지 않다. 커뮤니케이션(소통)과 커뮤니티(공동체)는 서로 떼기 어려울 만큼 이어져 있다. 실제로 커뮤니케이션 없는 커뮤니티, 공동체 없는 소통은 상상하기 어렵다.

인간의 소통을 크게 인간 내면의 소통과 외부와의 소통으로 나눌 수 있다면, 전자의 소통으로 학습을 들 수 있다. 자기와의 대화가 그것이다. 지각의 불완전성을 이겨내는 성찰과 공부를 이른다. 후자, 곧 세상과의 소통이 토론이다. 새로운 실재로 더 나은 공동체를 형성해 가려면, 수많은 '아기장수'들이 스스로 학습(내적 소통)하고 그것을 동시대의 사람들과 토론(외적 소통)함으로써 어른으로 커가야 한다. 이 책을 읽는 독자에게 아기장수와 어른 사이에 놓인 '계단'들을 짚어 보길 정중히 당부 드린다. 어른으로 걸어가는 그 계단, 바로 교양이다.

어른으로 살아가는
즐거움

지금까지 현대인의 자유 7과, 곧 21세기 사람들이 자유로운 삶을 살아가려면 갖춰야 할 개념들을 우주, 역사, 경제, 과학, 종교, 예술, 소통으로 살펴보았다.

어른은 '사람들을 편안하게 하거나 기쁘게 해 주는 이' 또는 '무리나 모임의 구성원들을 한데 모아 합하게 하는 이'다. 들머리에 소개했듯이 고대 그리스·로마 시대에 자유인이 배워야 할 7과는 문법, 수사학, 논리학, 산술, 기하학, 천문학, 음악이었다. 중세 유럽에서 교양은 애오라지 신과 인간의 관계 속에서 논의되었다. 동아시아 유학자들이 고대와 중세에 걸쳐 기초교양으로 제시한 사서삼경도 따지고 보면 '7과'다. 사서(논어, 맹자, 대학, 중용)와 삼경(시경, 서경, 역경)에 담긴 내용은 유구하고 유장한 불교문화가 그렇듯이 사상과 문학, 역사, 우주를 포괄하고 있다.

　　현대적 의미에서 교양 개념은 서양이든 동양이든 중세 신분제 사회를 넘어 근대사회에 들어서면서 정립됐다. 서양이 조금 빨랐을 뿐이다. 유럽에서 인쇄혁명으로 민중이 문맹에서 벗어나고 시민혁명으로 신분제가 사라지면서 18~19세기에 교양의 이념은 '내면의 발전을 통한 독립적 인격체로서 진정한 자기실현'으로 정리되었다. 그 이념 위에서 아놀드는 '이 세상에 알려지고 생각된 최선의 것'과 우리 자신을 익숙하게 하라고 권했다.

　　20세기에 들어서서 교양의 개념은 사회적 지평으로 넓어졌다. 루카치는 기존의 교양 개념이 지나치게 유토피아적이고 개인의 사회화와 순응을 강조한다고 비판했다. 그에게 진정한 의미의 교양은 한 사회의 변증법적 발전과정을 전제한다.

　　루카치나 변증법이라는 개념에 동의하지 않더라도, 한 가지 분명한 것은 내면의 발전을 통해 독립된 인격체로 성장하여 진정한 자기실현을 이루려는 인간이 사회와 동떨어진 추상적 존재가 아니라는 사실이다. 개개인의 자기실현을 원천적으로 가로막는 사회와 국가에 침묵하며 교양을 들먹이는 언행은 교양 없는 짓이라는 자각이 일어난 셈이다. 기실 '이 세상에 알려지고 생각된 최선의 것'에서 사회적 개념들을 배제할 아무런 이유가 없다. 모든 사람이 자기를 실현해 나갈 수 있을 때, 비로소 자신의 인생도 온전히 실현될 수 있다는 동양의 깨달음도 교양의 개념을 넓고 깊게 정초해 줄 수 있다.

그래서다. 우리 시대의 교양이 사회적 자기실현의 현실을 외면하지 않으려면 민주주의와 이어질 수밖에 없다. 인간이 모여 사는 사회가 민주주의의 이상인 민중의 자기통치를 완벽하게 이룰 수는 없겠지만, 그것이 이상에 가깝게 다가서려고 최선을 다하지 않는 언행을 정당화하는 것은 결코 아니다. 물론, 그렇다고 '인류가 창조해 온 최선의 것'들을 죄다 사회적 틀로 가둘 일은 아니다. 이 책이 우주, 역사, 경제, 과학, 종교, 예술, 소통을 '자유 7과'로 제시한 이유다. 자유 7과를 학습하고 익히는 과정을 거쳐 비로소 우리는 어른이 된다.

　머리말에서 밝혔듯이 어른은 '얼운' 곧 성관계를 한 사람들에서 비롯했다. 무릇 성은 인간이 인생에서 보편적으로 누릴 수 있는 가장 즐거운 선물일 수 있지만 성적 결합을 했다고 곧장 어른이 되는 것이 아님을 모두 잘 알고 있다. 성에 탐닉하는 즐거움은 물리적·정신적으로 한계가 뚜렷하다.

　이 책에서 나는 지속될뿐더러 더 높아가는 즐거움이 있다는 진실을 나누고 싶을 따름이다. 인류가 생각해 내고 창조한 최선의 것들을 알아가고 그것을 삶으로 실천해 가는 즐거움이 그것이다. 그렇다. 교양인으로 살아가기다. 아니, 어른으로 살아가기다. 현대인의 자유 7과는 각각 그 '최선의 것'을 삶으로 살아가는 길과 이어진다. 우주인, 역사인, 경제인, 과학인, 종교인, 예술인, 언론인이 그것이다. 결코 공상도 몽상도 아니다.

물론, 우주인은 통상 우주비행사를 의미한다. 그런데 종래와 달리 과학기술의 발전으로 우리는 지구 밖의 우주를 생생하게 볼 수 있다. 당장 인터넷에서 '허블 망원경'을 검색해 보라. 앞으로 점점 더 실재와 가까운 우주를 체험할 가능성이 높다. 교양인으로서 우주인은 천문학이 밝혀낸 진실을 인지하고 자신이 우주 속에 살아가는 존재임을 의식하며 살아가는 사람을 뜻한다.

역사인도 통상 역사가를 의미하지만 교양인으로서 역사인은 역사 속에서 역사를 의식하며 살아가는 모든 사람이다. 경제인의 사전적 의미는 '경제계에서 활동하는 사람' 또는 '경제 원칙에 따라 최대 이윤을 꾀하여 합리적으로 행동하는 인간상'을 뜻한다. 하지만 교양인으로서 경제인은 무엇보다 경제생활을 하는 모든 구성원들이다. 자신의 노동으로 경제생활을 하면서 경제의 본디 뜻인 '경국제민' 그대로 나라를 잘 운영해 민중이 잘살 수 있는 경제체제를 구현해 가는 사람이라면 '경제인' 이름에 더욱 걸맞다.

과학인은 통상 과학자를 이른다. 교양인으로서 과학인은 과학정신을 지니고 살아가는 모든 사람이다. 종교인은 성직자만이 아니다. 인생을 구도적 자세로 살아가는 사람이 교양인으로서 종교인이다. 예술인도 전업 예술가만일 수 없다. 교양인으로서 예술인은 자신의 삶을 창조적으로 살아가는 사람이다. 직업적 언론인만 언론활동을 하고 있지도 않다. 교양인으로서 언론인은 정치·경제·사회·문화와 관련된 현실 문제에 자신의 의견을 주장해 나가는 사람이다.

21세기에 들어서 인류는 우주인, 역사인, 경제인, 과학인, 종교인, 예술인, 언론인을 오가며 인생을 풍부하고 즐겁게 살아갈 수 있는 시대를 열어가고 있다. 여기까지 오는 길에 인류는 수많은 비극을 겪었고 피로 강물을 이뤘다. 우주와 역사에서 인류는 앞으로도 더 넓고 깊은 진실을 탐구하고 표현해 갈 것이다.

인류는 그 위대한 한 걸음 한 걸음을 교양으로 담아내 더 나은 내일을 창조해 가리라. 굳이 말하자면, 그 추론과 믿음이 나의 과학이고 종교다. 사실에 근거한 추론과 믿음으로 삶을 열어 간다면 그것이 바로 예술이 아닐까. '인류가 창조해 온 최선의 것'과 소통하며 어른으로 살아가는 즐거움이다.

1 여기서 '138억 년'은 2017년의 우주 나이다. 과학이 발전하면서 측정법에 따라 우주 나이는 달라져 왔다. 1950년대까지는 30억~70억 년을 오갔다. 1990년대에 들어서서 과학자들이 정밀한 관측 자료를 놓고 토론을 통해 우주 나이를 150억 년으로 '결정'했다. 하지만 우주배경복사를 관측하는 위성들이 보내온 자료를 근거로 2003년에 137억 년으로 수정했고, 2014년에 138억 년으로 조정했다. 우주가 팽창하는 속도 관측이 더 정밀해질수록 더 정확하게 나이를 측정할 수 있다. 여기서 우리는 과학이 지닌 가설적 성격을 새삼 확인할 수 있다. 철학적으로 말하자면, 자신을 언제든 진실 앞에 수정할 수 있는 열린 마음이다.

2 광대한 우주를 인식하며 자연스럽게 떠오르는 물음 '이 모든 것이 무엇인가'는 20세기 철학자 마틴 하이데거의 '왜 무(無)가 아니라 존재인가?'의 철학적 문제제기와도 이어지지만, 기실 동아시아 선불교의 오랜 화두이기도 하다. 중국 『벽암록』에 따르면, 어느 날 자신이 해탈했노라고 자부한 승려가 하늘을 찌를 기상으로 당대의 선승 설봉을 찾아갔다. 그때 설봉선사는 아무 말 없이 몸을 앞으로 쑥 내밀며 오직 한마디, "시심마(是甚麼)"라고 했는데, 곧 '이것이 무엇인가?' 하는 것이다. 한국 선불교에서 시심마는 '이뭣꼬'라는 화두로 정착했다. 가령 지금도 고불총림 백양사의 사천왕문 앞에는 시심마 화두를 새긴 돌이 세워져 있다. "父母未生前 本來面目 是甚麼" (부모로부터 태어나기 이전의 나의 본래 모습은 무엇인가?).

3 역사에 회의적 시선을 던진 이는 하나둘이 아니다. 로마제국의 흥망사를 쓴 기번은 "역사란 순전히 인류의 범죄, 우행, 불운의 등기부에 지나지 않는다"고 썼고, 계몽사상가 볼테르도 "역사는 범죄와 재난의 기록 외에 아무 것도 아니다"라고 적었다. 20세기 비관적 역사철학자 슈펭글러는 세계사를 세계 법정으로 보고 이렇게 말했다. "그것은 언제나 강자에게 유리한 판결을 해 왔고, 권력보다는 정의를 믿는 자에게 사형을 선고해 왔다."

4 '노동탄압국가'의 대통령 박근혜는 2015년 9월부터 '노동개혁'을 내걸고 노동관련 법안 개정과 함께 일반 해고와 취업규칙 임의변경을 추진했다. 노동계가 반대하고 나서자 일반해고가 가능하도록 지침을 일방적으로 발표했다. 정부 지침이 나오자 한국경영자총협회는 저성과자 관리 프로그램이나 일반해고제를 시행하라고 회원기업에 '가이드 북'으로 내려 보냈다. 취업규칙을 개정할 경우에는 노조 합의가 없더라도 개정을 강행하라고 권했다. KT와 두산모트롤을 비롯해 적지 않은 기업들이 희망퇴직을 거부한 노동자들을 저성과자로 분류해 '면벽수행'을 시키거나 기존 업무와 무관한 곳으로 전환 배치해 논란이 됐다. 박근혜가 '노동개악'을 강행할 때, 전경련의 대기업들은 박근혜가 퇴임 후를 대비해 만든 미르재단과 K스포츠재단에 수백억 원을 입금

했다. 헌법과 노동법을 무시하고 행정지침으로 해고와 임금결정에서 노동자의 기본권을 제한하려는 나라는 법치주의를 부정하는 독재국가와 다름 아니다.

5 경제 민주화에 대한 더 상세한 논의는 손석춘과 유종일이 함께 펴낸 『경제 민주화가 희망이다』(알마, 2012) 참고.

6 협치(協治, governance)는 말 그대로 통치(統治, government)와 대비되는 개념이다. 간명히 구분하자면 수직적인 상명하달식의 통치가 아니라 수평적인 '협력형 통치'다. 민주적이고 참여적인 의사결정 과정을 뜻한다는 점에서 거버넌스의 번역어로 '공치'가 더 적절하다고 볼 수도 있다. 학계와 언론계에선 '거버넌스'란 말을 그대로 쓰기도 한다. 하지만 '거버넌스'는 자칫 권력을 '민간'이라는 이름으로 기업과 나누는 '신자유주의적 시장화 경향'으로 흐를 위험성도 있고 그 말을 쓰는 정치권력이 자신의 무능에 대해 책임을 떠넘기려는 불순한 의도가 깔려 있을 가능성도 짚어야 한다.

7 민주경제론에 대한 상세한 논의는 다음 책을 참고할 수 있다. 손석춘, 『무엇을 할 것인가 - 민주주의와 주권을 바로 세우는 12개념』(시대의 창, 2014).

8 '평화의 도시' 바그다드의 평화는 오래가지 않았다. 21세기에 들어서서도 2003년 5월 이라크의 수도 바그다드는 미군의 폭격과 포격으로 불바다가 되었다. 이라크를 점령하고 승리를 선언한 미국 대통령 조지 부시는 이에 앞서 2002년 1월 미국 의회 연설에서 이라크와 이란, 조선민주주의인민공화국(북한)을 '악의 축(axis of evil)'으로 비판했다. 이들 국가는 모두 미국에 비판적이었으며, 미국은 '레짐 체인지(Regime change)'에 나서겠다고 공언했다. 그 본보기가 바그다드의 불바다였다. 국제정치학계에선 미군의 이라크 침략을 중동의 석유자원을 통제하기 위한 패권전략으로 분석하고 있다.

9 1994년 남아프리카공화국의 '인종차별 체제(아파르트헤이트)'를 종식시키고 최초로 흑인 대통령이 된 넬슨 만델라는 프랑스에 사르키의 뇌와 생식기를 포함한 유해 일체의 반환을 공식 제기했다. 프랑스 정부와 박물관은 "타국에서 유입된 유물은 프랑스 소유"라고 규정한 프랑스의 법조항을 들며 거부했고 유해가 남아프리카보다 프랑스에 있는 것이 더 안전하다는 황당한 주장까지 늘어놓았다. 결국 남아공 정부의 강력한 요청으로 2002년 유해가 고향으로 돌아왔다. 1815년에 사망한 그녀가 2002년에 매장되기까지 넬슨 만델라를 비롯해 지구촌의 지식인, 예술가, 사회운동가들이 힘을 모았다.

10 찰스 다윈이 '자연선택을 통한 진화'를 체계화할 수 있었던 배경에도 기존의 과학혁명과 산업혁명이 있다. 다윈은 5년 내내 증기선을 타고 항해하면서 같은 종의 동식물도 지역에 따라 다르다는 사실을 목격했고, 그 표본과 지질학적 자료들을 바탕으로 1859년 『종의 기원』을 출간했다. 다윈이 승선한 배는 영국 해군함 '비글호'로 항해 목적이 과학적 탐구가 아니라, 영국이 남미 대륙을 침략하려는 제국주의적 답사의 임무를 지니고 있었다.

11 리프킨이 강조하는 '소유에서 공유로' 경제모델의 전환은 브리태니커와 위키피디아에 근거한 주장이 아니다. 여행자가 무료로 숙식을 제공받을 수 있도록 지역 주민을 연결해 주고 있는 국제적인 비영리 네트워크 '카우치 서핑'을 사례로 든다. 3차 산업혁명은 고전 경제 이론에서 언급되지 않은, 사회적 교류와 공동체에 대한 욕구를 끌어낸다는 것이다.

12 과학정신은 비판정신과도 이어진다. 한국에서 비판적 사고는 부정적 사고로 등식화되고 있지만 이는 교양 없는 판단이다. 미국철학회는 과학정신을 이어받아 이를 비판적 사고로 논리화했다. 미국철학회의 공식보고서에 따르면 비판적 사고는 "교육에서는 (무지의 족쇄로부터 벗어나 자유를 획득케 해주는) 해방적 힘이며 개인적, 시민적 삶에서 위력을 지닌 자산"이다. 비판적 사고자는 "습관적으로 이유를 꼬치꼬치 묻고, 잘 알고자 하고, 근거를 중시하며, 열린 마음이고, 유연성 있으며, 평가가 공정하고, 개인적 편견을 다룰 때 성실하고, 판단을 내리는 데 신중하고, 기꺼이 재고하고, 현안 문제에 분명하고, 복잡한 문제들을 다루는 데 체계적이고, 유관한 정보를 부지런히 찾고, 기준 선택에 합리적이고, 집중하여 탐구하고, 주제와 탐구의 상황이 허락하는 한 되도록 명료한 결과를 끈기 있게 추구"한다. 다소 나열되는 느낌이 들지만, 과학정신과 비판정신이 맞닿아 있음을 인식할 수 있다.

13 예수 이후 기독교의 전개과정에 대한 더 상세한 지식은 『교양으로 읽는 기독교 - 기독교를 바로 알기 위한 12개의 인문학적 통찰』(시대의창, 2017)을 참조.

14 기독교는 가톨릭과 정교회, 다시 가톨릭에서 개신교로 갈라지고, 개신교도 수많은 종파가 있다. 한국에 들어온 개신교의 분열상은 특히 심각하고 유럽에서는 크게 쇠퇴하고 있는 근본주의 교회들이 많다. 사람이 자신의 행위로는 구원에 이를 수 없고, 인류의 죄를 대신해 희생당한 예수의 은혜를 믿음으로 구원받는다고 주장하기도 한다. 반면에 유대교는 세상에서 얼마나 거룩하게 살았느냐를 구원의 기준으로 삼는다.

15 현대 사회에서 불교가 가야 할 길에 대한 상세한 논의는 『붓다 일어서다 - 21세기 한국과 불교의 커뮤니케이션』(들녘, 2012)을 참조.

16 싱클레어가 소개한 정의는 영어사전의 풀이다. 국어사전의 풀이도 크게 다르지 않다. 선전은 '주의, 주장이나 사물의 존재 가치 따위를 여러 사람에게 널리 전하거나 알림'이다.

17 싱클레어의 대표작 『정글』은 미국 시카고의 도축장이 배경이다. 모든 종류의 가축이 가죽·뼈·내장·털·발굽까지 가공되어 상품화되는 곳이다. 자본은 가축의 살과 뼈에서 이익을 짜낼 뿐 아니라, 가공 공장에서 일하는 노동자도 수탈한다. 소설의 주인공은 리투아니아에서 이민 온 건장한 사내로 하루하루를 열악한 노동환경과 싸우며 술로 위안을 삼았다. 그가 사랑하는 아내도 일하러 나갈 수밖에 없었는데 일터의 '상사'에게 능욕을 당한다. 주인공은 격분해서 남자를 때려눕히고 감옥에 간다. 형을 마치고 나와 보니 능욕으로 임신한 아내는 해산 때도 산파를 부를 수가 없어 고통 끝에 죽는다. 절망의 구렁텅이에 빠진 주인공은 방황하며 강도질, 정치 깡패로 폭력을 저지른다. 걸인이 되어 배회하다가 우연히 창녀로 전락한 처제를 보면서 각성의 계기를 맞는다.

18 예수가 '산상수훈'에서 "아무도 두 주인을 섬길 수는 없다. 한 편을 미워하고 다른 편을 사랑하거나 한 편을 존중하고 다른 편을 업신여기게 된다. 너희는 하느님과 재물을 아울러 섬길 수 없다"(공동번역성서 마태복음 6장 24절)고 가르쳤는데 여기서 '재물'로 번역된 원어가 '맘몬'이다. 영어 성경은 'wealth' 또는 'money'로 의역했고 일본에선 '부(富)'로 번역했다.

19 서정주 자신도 당시의 행적에 진솔한 사과를 하지 않았다. 자서전에서 언죽번죽 다음과 같이 썼다. "이 무렵의 나를 '친일파'라고 부르는 데에는 이의가 있다. '친하다'는 것은 사타구니와 사

타구니가 서로 친하듯 하는 뭐 그런 것도 있어야만 할 것인데 내게는 그런 것은 전혀 없었으니 말씀이다. '부일파(附日派)'란 말도 있긴 하지만 거기에도 나는 해당되지 않는 걸로 안다. 일본에 바짝 다붙어 사는 걸로 이익을 노리자면 끈적끈적 잘 다붙는 무얼 가졌어야 할 것인데 나는 내가 해준 일이 싼 월급을 받은 외에 그런 끈끈한 걸로 다붙어 보려고 한 일은 단 한 번도 없었기 때문이다. 나는 이때 그저 다만, 좀 구식의 표현을 하자면 '이것은 하늘이 겨레에게 주는 팔자다' 하는 것을 어떻게 해서라도 익히며 살아가려 했던 것이니 여기 적당한 말이려면 '종천순일파(從天順日派)' 같은 것이 괜찮을 듯하다. 이때에 일본식으로 창씨개명까지 하지 않을 수 없었던 우리 다수 동포 속의 또 다수는 아마도 나와 의견이 같으실 듯하다." 서정주의 회고는 '예술'을 통해 조선의 젊은이들을 일제의 총알받이로 내몰아 죽인 '예술가'로서 전혀 성찰이 없다. 하기야 그런 성찰이 가능했던 사람이라면 애초부터 일본제국주의, 이승만, 박정희, 전두환으로 이어지는 권력에 빌붙어 평생 호의호식해 온 '맘몬 예술가'의 길을 걷지 않았을 터다.

20 국민문학과 민족문학은 모두 'national literature'의 번역어다. 근대 국가의 형성과 함께 생겨난 문학을 유럽에서 'national literature'라고 불렀다. 공동 문어(유럽에선 라틴어, 동아시아에선 한자)에 기반을 둔 중세문학과 달리 근대문학은 각각의 민족어로 쓰였고, 민족적 정서와 소망을 표현하는 특징을 지니고 있다. 근대문학으로서 'national literature'의 번역어 '국민문학'이 혈연과 지연을 바탕에 둔다면, 동일한 번역어 '민족문학'은 역사적 현실과 해결 과제를 중시하는 번역어다.

21 북쪽 문학계는 김일성 사망 이후 추모문학 단계를 넘어 단군문학으로 들어갔다. '단군문학'은 '김일성 유훈통치' 시기의 문학창작을 규정한 문학으로 김일성과 김정일을 조선의 시조인 단군에 비유하여 건국의 영웅으로서 위상을 강조한 개념이다. 단군문학의 궁극적 목적은 사회주의 조선의 건국시조로서 김일성을, 민족중흥의 영웅으로서 김정일의 이미지를 결부시킨 데 있다. 이어 김정일을 '주체의 태양'으로 묘사하면서, 김일성에 한정했던 수령형상의 개념을 백두산 3대장군(김일성, 김정일, 김정숙)을 아우르는 개념으로 확대해 '태양문학'이라는 용어가 나타났다. 2000년 1월 〈조선문학〉의 「2천년대가 왔다. 모두 다 태양민족문학 건설에로」에서 21세기 북쪽 문학의 길로 뚜렷하게 제시됐다. 오늘의 새로운 태양으로서 김정일의 위상을 강화한 태양민족문학의 개념에 따르면 작가들은 '태양의 위성작가'다.

22 디지털 스토리텔링의 전문 연구자 한혜원도 같은 이름의 책을 내고 디지털시대의 신인류를 분석했다. "이야기하는 것이 본능인 인류에게 한정된 종이 공간은 출퇴근 시간의 지옥철을 연상케 할 만큼 숨쉬기조차도 힘든 공간이었다. 욱시글거리는 평면의 종이 공간을 뛰쳐나온 인류는 디지털 시대를 맞아 포스트 콜럼버스라고 해도 과언이 아닌 가상세계라는 신대륙을 만났으며, 게다가 그 공간은 기존의 유한한 공간의 개념을 전복하는 경이에 가까운 일을 선사한 것이다. 바로 공간의 무한함이다. 인류는 그동안 본의 아니게 억눌려왔던 본능을 표출할 수 있는 그야말로 해방의 시대를 맞이한 것이다. 그 결과 이야기에 대한 욕망은 활화산의 용암처럼 사방팔방으로 뿜겨져 나오고 있으며, 가상세계는 그야말로 핫한 이야기로 흘러넘치는 무한한 욕망 분출의 공간이 되었다"는 것이다.

23 2013년 1월 이른바 '애국시민사회진영 신년하례회' 모임에서 MBC 이사장 고영주는 "(2012년 대선 후보였던) 문 후보는 공산주의자이고, 이 사람이 대통령이 되면 우리나라가 적화되는 것은

시간문제라고 확신"했다고 살천스레 말했다. 고영주는 국회에 출석해서도 '소신'을 굽히지 않았다. 법원으로부터 3,000만원의 배상금 판결을 받고서도 고영주는 "사법부 결정이 자유민주체제와 국가 안전에 위해를 끼친다면 존중할 수 없다"라며 사법부를 노골적으로 비난했다.

24 '밀고의 대가'로 KBS 이사장 이인호 또한 자신이 조부가 명백하게 저지른 친일행적에 비판이 일어나자 자중이나 성찰은커녕 "내 조부가 친일이면 그 당시 중산층은 다 친일파"라고 주장했다.

25 '민중'이란 말은 심지어 학계에서도 금기 또는 기피되고 있다. 하지만 지금 독자가 들고 있는 이 책, 스마트폰, 옷, 의자, 건물, 도로, 지하철 그 모든 것을 만들어 온 노동자, 특히 그 가운데 절반이 넘는 비정규직 노동자, 우리 사회 모두에게 밥을 제공해 왔으면서도 스스로는 수출중심 경제구조에서 내내 '찬밥'을 먹어온 농민, 이른바 '구조 조정'의 일상화로 인해 과포화상태에 이른 자영업인, 청년 실업자들, 남편의 얇은 임금으로 가계를 꾸려가며 아무도 알아주지 않는 가사노동에 시달리는 여성들, 그 '사람들'을 모두 아우를 수 있는 말은 무엇일까. '시민'이나 '국민'으로 그들을 담아내기 어렵다. 적잖은 지식인들이 '민중'의 호명을 1980년대의 '운동권적 사유'로 치부하지만 명백한 사실 왜곡이다. '민중'은 그보다 훨씬 이전, 일제강점기는 물론 조선 왕조 시대에도 쓰인 말이다. 그렇다면 누가 민중이라는 말에 '운동권'이라는 낡은 색깔을 주입시켰을까. 다름 아닌 언론기관이다. 이에 대한 더 자세한 논의는 다음 책을 참고. 『민중언론학의 논리』(철수와 영희, 2015).

26 "백남기씨의 사인이 물대포가 맞다고 가정해 보자. 그렇다한들, 정부의 책임은 없다. 추운 겨울 날, 집의 온기를 위해 장만한 난로에 손을 지나치게 가까이 갖다 대었다가 화상을 입은 손님. 그 손님의 화상은 난로 주인의 탓인가 아니면 손님 본인의 탓인가? 장난끼 많은 아이가 사육사의 말을 무시하고, 사파리의 맹수에게 가까이 다가갔다가 공격을 당했다. 그 아이의 부러진 갈비뼈는 사육사의 탓인가, 아니면 아이의 부주의 탓일까? 마찬가지로, 불법시위를 하다가 폴리스라인을 넘어오지 말라는 경찰의 말을 무시했다가 중태에 빠지고, 사망해버린 백남기씨의 죽음은 정부의 탓일까 아니면 백씨의 범법 탓일까? 가끔 죽음은 무기가 된다. 그것도 거짓말하는 자들의. 전태일 분신 '자살' 사건, 미선이 효순이, 세월호, 그리고 백남기. 또 선동꾼들의 시체팔이가 시작됐다." 이 여학생은 '폴리스라인'이나 '불법시위'를 거론하며 '불통의 미디어'들 논리를 고스란히 답습하고 있다.

27 이에 대한 더 자세한 논의는 저자가 발표한 학술논문 '아기장수 설화의 내적 소통에 관한 시론'을 참고(『문학치료연구』 제33집, 2014. 10).

28 프레이리에게 '문해(literacy)'는 브라질 농민들이 세계를 읽을 수 있고, 글과 세계를 연관지을 수 있는 상태, 곧 브라질 농민들의 정치화에 더 큰 목표를 위해 구성된 개념이다. '읽고 쓰는 능력'으로서 문해는 체제 속에 머무는 교육이 아니라, 세계를 명명하고 변화를 일궈 가는 교육이다. 그 점에서 문해는 앎의 교육인 동시에 세계의 정치적 본질을 이해하는 길이다.

어른의 교양

―우리 시대 지적 사회인을 위한 일곱 가지 교양

1판 1쇄 인쇄 2017년 4월 30일
1판 1쇄 발행 2017년 5월 15일

지은이   손석춘

펴낸이   한기호
책임편집 오선이
펴낸곳   어른의시간
출판등록 제2014-000331호(2014년 12월 11일)
주소   121-839 서울시 마포구 동교로 12안길 14(서교동) 삼성빌딩 A동 3층
전화   02-336-5675
팩스   02-337-5347
이메일   kpm@kpm21.co.kr
홈페이지 kpm@kpm21.co.kr
인쇄   예림인쇄 전화 031-901-6495 팩스 031-901-6479
총판   송인서적 전화 031-950-0900 팩스 031-950-0955

ISBN 979-11-87438-10-6 03100

이 도서의 국립중앙도서관 출판예정도서목록(CIP)은 서지정보유통지원시스템 홈페이지(http://seoji.nl.go.
kr)와 국가자료공동목록시스템(http://www.nl.go.kr/kolisnet)에서 이용하실 수 있습니다.(CIP제어번호:
CIP2017010448)

어른의시간은 한국출판마케팅연구소의 임프린트입니다.
책값은 뒤표지에 있습니다.